Michael Debus / Günther Dellbrügger

Engel-Erfahrungen

phoenix

12

MICHAEL DEBUS
GÜNTHER DELLBRÜGGER

Engel-Erfahrungen

Was Mensch und Engel
füreinander bedeuten

Die Autoren:

Michael Debus und Günther Dellbrügger sind Priester der Christengemeinschaft und Leiter der Freien Hochschule der Christengemeinschaft – Priesterseminar – in Stuttgart.

Inhalt

Michael Debus

Die Welt der Wesen über uns

Günther Dellbrügger

»Wisst ihr nicht, dass sich an uns das Schicksal von Engeln entscheiden wird?«

Die Verantwortung des Menschen gegenüber den Hierarchien

Michael Debus

Die Welt der Wesen über uns

Ein Schleier wird weggezogen

Anfang der achtziger Jahre hatte der holländische Arzt Moolenburgh eine merkwürdige Idee. Er führte unter vierhundert seiner Patienten eine Befragung durch »für eine wissenschaftliche Untersuchung«. Die Frage lautete: »Haben Sie jemals in Ihrem Leben einen Engel gesehen?« In seinem Buch, das er später veröffentlichte, schildert er nun, wie merkwürdig und für ihn unerwartet die Befragten reagierten.[1] Alle waren offenbar von der Frage mehr oder weniger berührt, doch gab es verschiedene Gruppen, von denen ihn eine ganz besonders beeindruckte. Er schreibt: »Die Menschen vermittelten mir stets den Eindruck, als ob sie versuchten, sich an etwas zu erinnern, an etwas, das sich ihrem Gedächtnis entwand. Genauso, als ob ich sie gebeten hätte, mir all die Kinder aufzuzählen, mit denen sie in der ersten Klasse der Volksschule auf der Schulbank gesessen hatten. Hatten diese Menschen eine tiefe Erinnerung an Engel? Eine Erinnerung, die ihrem Tagesbewusstsein nicht zugänglich war, die aber eine tiefere Bewusstseinsschicht berührte? Genauso, wie auch die Stimmung eines Traumes den Wachzustand beeinflussen kann, obwohl man den Inhalt vergessen hat?« – Im Vorwort zur 2. Auflage, die sehr bald notwendig wurde, präzisiert er seinen Eindruck: »Was ich bei meiner Befragung schon zu ahnen begann, scheint sich als richtig zu erweisen. Es geht um eine neue Tendenz. Die Engelbegegnungen scheinen nicht an die Art von Menschen gebunden zu sein, die zu mir in die Sprechstunde kommen. Man spricht davon, dass der Himmel wieder sichtbar wird, als ob langsam ein Schleier vom menschlichen Bewusstsein weggezogen würde.«

Es ist das Verdienst Moolenburghs, dass er in seinem Buch eine große Menge empirisch zusammengetragener Fakten verarbeitet hat. Eine grundlegende erkenntnismäßige Durchdringung der geistigen Hierarchienlehre in der neueren Zeit erschien schon einige Jahre früher mit dem Buch »Mensch und Engel« von Hans-Werner Schroeder.[2] Damit begann in gewissem Sinne die moderne Engelliteratur. Und die zahlreichen Veröffentlichungen, die bis heute folgten, scheinen zu bestätigen, dass tatsächlich »ein Schleier vom menschlichen Bewusstsein weggezogen« wird.

Der apokalyptische Charakter
unserer Zeit

Was liegt dem zu Grunde? Woher kommt es, dass die übersinnliche Welt ganz offensichtlich in das Bewusstsein so vieler Menschen einbricht? Wenn man nach Antworten auf diese Fragen sucht, wird man zunächst auf einen Begriff gestoßen, der zwar heute fast zum Schlagwort geworden ist, der aber doch sehr vieles beinhaltet; es ist der Begriff des Apokalyptischen. Wir empfinden unser Zeitalter mit seinen Katastrophen und seinen oft so chaotischen Verhältnissen als ein wahrhaft apokalyptisches, verbinden damit also etwas Negatives – entsprechend den gewaltsamen Umstürzen, wie sie Johannes im letzten Buch des Neuen Testaments darstellt. Das Wort »Apokalypse« hat aber noch einen anderen Aspekt. Es heißt wörtlich »Enthüllung«: Was verborgen, verschleiert war, wird entschleiert, enthüllt, geoffenbart.

Was aber bedeutet es, wenn der Schleier weggezogen wird? Im Grunde brechen in einem solchen Augenblick alle Illusionen, die man sich bisher über die Welt und über sich selbst gemacht hat, zusammen. Und statt glücklich darüber zu sein, nun endlich die Wirklichkeit unverstellt, unverfälscht zu sehen, bricht der Mensch unter der Wucht der Wirklichkeit zusammen. Er kann sie nicht ertragen. Es scheint, als habe er die Illusionen gebraucht, um sich vor der Wahrheit

zu schützen. Damit bekommt aber das Wort »apokalyptisch« eine neue, eine weite Dimension. Dem
Menschen wird eine Erfahrung zugemutet, vor der er
sich zwar fürchtet, ohne die er aber nicht zur Wahrheit gelangen kann. Er sollte froh sein, in einer apokalyptischen Zeit zu leben.

Was ist diese Wahrheit? Im theologisch-religiösen
Zusammenhang wird von der »Parusie«, der »Wiederkunft Christi« gesprochen. Auch das ist ein vielfach
missbrauchter Begriff, nicht nur in der Theologie
selbst, sondern auch in vielen Sekten, indem diese
Wiederkunft teils ganz materiell, teils mit den furcht-
barsten Bedrohungen des Menschen verbunden vor-
gestellt wird. Wohl stimmt es, dass im Neuen Testament die Wiederkunft Christi so geschildert wird,
dass damit ein Gericht, eine Krisis, eine Entscheidung
herbeigeführt wird. Doch was bedeutet dieses Gericht für den Menschen?

Als sich das Christentum in seiner Entwicklung allmählich auf Vorstellungen verengte, die mehr dem
römischen Rechtsleben als seinem ursprünglichen er-
neuernden Wesen entstammten, wurde das Gericht
immer mehr so verstanden, wie es beispielsweise Mi-
chelangelo in der Sixtinischen Kapelle in Rom dargestellt hat: Da kommt Christus als der schreckliche
Weltenrichter, und nun wird Bilanz gezogen. Die
Menschen fühlen sich auf dem Stuhl der Anklage und
können bestenfalls auf ein gnädiges Urteil hoffen.
Dass wir allesamt Schuldige sind, das ist sicher nicht
falsch. Dennoch ist eine Vorstellung, die das Verhältnis zwischen der Gottheit und dem schuldigen Men-

schen auf das zwischen Richter und Angeklagtem reduziert, sehr einseitig.

Was im Gericht geschieht, hat noch eine ganz andere Seite, nämlich die des Richters selbst. Es ist eigentümlich, dass der, der im Neuen Testament als der Richter genannt wird, in der Tradition immer so verstanden wurde und wird, als breche er mit furchtbarer Macht von außen herein, um die Schuldigen zu verurteilen. Dabei gibt es im Neuen Testament Worte, aus denen ein ganz anderes Verhältnis spricht, beispielsweise das Wort des Paulus aus dem Galater-Brief: »Nicht ich lebe, sondern Christus lebt in mir.« Eine allertiefste Verbindung tut sich darin kund. Wenn der Weltenrichter in dieser Weise intim mit dem Menschen verbunden ist, wenn er nicht von außen kommt, sondern im Innern selbst anwesend ist, dann ist es ja der Mensch selbst, der richtet, der das Urteil spricht über das, was er in seinem Leben getan und unterlassen hat.

Richter über sich selbst zu sein kann allerdings auch erschüttern. Denn wie oft sieht man sich dann nicht zu dem Eingeständnis genötigt, dass vieles von dem, was man bisher gewollt und gewünscht hat, illusionär, eben nicht der Wirklichkeit entsprechend war. Aber es ist doch ein ganz anderer Vorgang, als wenn das Urteil von »außen« über mich gesprochen wird. Wenn ich aus meinem besten Menschenwesen heraus ein Urteil suche, dann bedeutet das immer auch, dass die göttliche Welt in mir spricht. Und diese Sprache wird geahnt und gefühlt als die Sprache des Gewissens.

Wir sind in diesem Gericht nicht nur die Angeklagten, wir sind zugleich auch die Richter. Dann aber ist das Gericht nicht nur rückwärtsgewandt auf die Vergangenheit, auf die Verfehlungen, die ich begangen habe, sondern ebenso nach vorwärts, auf die Zukunft hin orientiert, auf das, was aus der gegenwärtigen Situation hervorgehen kann. Dann gewinnt das Wort, dass wir in einer apokalyptischen Zeit, einer Zeit der Entscheidungen leben, einen ganz neuen Sinn. Dann erleben wir, dass nichts mehr von außen uns stützt und trägt und uns die Entscheidungen abnimmt, sondern dass die Kraft dazu in uns selbst eingezogen ist. Wir fühlen: jetzt werden wir alle, jeder einzelne von uns, ernstgenommen.

Wollen wir denn ernstgenommen werden? Natürlich wird jeder Mensch diese Frage zuerst einmal spontan bejahen und es als außerordentlich ärgerlich empfinden, wenn er nicht ernstgenommen wird. Es gibt aber auch eine andere Seite in unserem Wesen, die sich geradezu dagegen auflehnt, dass alles, was wir sagen und tun, für bare Münze genommen wird. Wenn wir wüssten, dass jedes unserer Worte ganz ernstgenommen wird, würden wir vielleicht sehr schweigsam werden, sehr vorsichtig die Worte auf die Goldwaage legen, beispielsweise wie bei einem Gerichtsverfahren, damit sie nicht gegen uns verwendet werden. Aus Furcht davor, ernstgenommen zu werden, würden wir im Sprechen sehr vorsichtig und nicht mehr locker und leicht allerlei, auch allerlei Unsinn, sagen.

Die göttliche Welt beginnt den Menschen in diesem Sinne ernstzunehmen. Alles, was wir tun, hat Konsequenzen. Das ist ein Hauptcharakteristikum unserer Zeit. Das Hereinbrechen der übersinnlichen Welt ist eben nicht in erster Linie ein Beglückungserlebnis, nicht ein Befriedigungs- oder Befreiungserlebnis; es bedeutet vielmehr, dass Menschen, die mit übersinnlichen Erfahrungen konfrontiert werden, eine gesteigerte Verantwortung zugemutet wird. Eine erhöhte seelische Aktivität ist notwendig, um damit zurechtzukommen. Die übersinnliche Erfahrung ist nicht einfach gegeben, damit wir uns darin ausruhen; sie ist eine Aufgabe, nicht einfach eine Gabe. Wird als Antwort darauf nicht innere seelische Aktivität entwickelt, dann reifen wir nicht. Und was uns als Chance, als Entwicklungsmöglichkeit gegeben wird, verkehrt sich dann in seinen Auswirkungen und wird apokalyptisch im Sinne einer Bedrohung. Viele Erscheinungen unserer Gegenwart – Kriege, Egoismen aller Art, Katastrophen und Verbrechen – sind Pervertierungen geistiger Kräfte, die in die Menschenwelt einfließen wollen, aber nicht aufgenommen werden. Ihr Sinn ist es, die Menschen zu ihrer Verantwortung aufzuwecken. Heute ist jedoch fast durchweg die Tendenz zu beobachten, die Menschen gerade nicht seelisch zu aktivieren, sondern sie im Gegenteil passiv zu machen, sie in eine Konsumentenhaltung zu führen, so dass sie immer nur entgegennehmen, ohne das Gefühl, dafür auch etwas erzeugen zu müssen.

Der Mensch auf dem Weg
vom Geschöpf zum Schöpfer

Welcher Art ist nun diese heute so notwendige seelische Aktivität? Einer Antwort auf diese Frage können
wir uns nähern, wenn wir in die Welt, die über uns ist
und der wir sie entgegenbringen, Einblick zu gewinnen versuchen. Aber auch hier ist die gegenwärtige
Situation völlig unbefriedigend. Wir haben im 20.
Jahrhundert nicht nur eine reduktionistische Wissen-
schaft, die den Blick auf das Ganze verloren hat und
ein immer größeres Detailwissen anhäuft, sondern
auch eine reduktionistische Theologie. Von dem reichen mittelalterlichen Kosmos, der erfüllt war von
Engelwesenheiten hierarchischer Ordnung – von den
Engeln und Erzengeln bis hinauf zu den Cherubim
und Seraphim –, ist nicht mehr viel übriggeblieben.
Der geistige Raum, den man heute als religiöser
Mensch anschaut, ist ähnlich dem von der Naturwis-
senschaft erkundeten Weltraum: weitläufig und leer.
Irgendwo in diesem »Raum« ist Gott, viele »Lichtjahre« entfernt, in einer unendlichen inneren Entfer-
nung, zum Abstraktum geworden, aller Konkretheit
verlustig gegangen. Und dann ist irgendwo der einzelne Mensch mit seiner Sehnsucht, durch die unendlichen Räume geistiger Lichtjahre hindurch eine Beziehung zu dieser höheren Welt herzustellen. Was
liegt dazwischen? Nichts! Denn zwischen Gott und

Mensch ist nichts. Der Mensch ist in ein unmittelbares Verhältnis zu Gott gesetzt – so wie im Mittelalter manche Städte »reichsunmittelbar« waren, das heißt direkt dem Kaiser unterstanden, nicht vom Landesfürsten abhingen. Man kann das positiv auffassen. Man kann es aber auch problematisch sehen, denn dieses Nichts zwischen der göttlichen Welt und dem Menschen bietet, obwohl »nichts«, einen Widerstand, der überwunden werden muss. Dennoch ist diese Reichsunmittelbarkeit zu Gott etwas tief Berechtigtes: Der mündige Mensch bedarf keiner Vermittlung, und er will sie auch nicht.

Auf der anderen Seite können wir nicht ohne weiteres von uns behaupten, dass wir schon ganz mündige Menschen seien. Wenn wir aufmerksam sind, ertappen wir uns nur allzu oft dabei, dass unsere Urteile gar nicht aus uns selbst stammen, sondern dass wir sie von irgendwelchen Autoritäten übernommen haben, oder dass wir etwas tun, weil es eben so üblich ist, nicht weil wir selbst es so wollen.

Nun könnte man sich auf ein Wort aus der Genesis berufen, wo es heißt: »Und Gott schuf den Menschen ihm zum Bilde, zum Bilde Gottes schuf er ihn.« Das eigentliche Wesen Gottes ist seine Schöpferkraft, und wenn er ein Ebenbild seiner selbst schafft, dann schafft er damit ein schöpferisches Wesen. Damit ist aber ein Problem verbunden. Kann Gott wirklich ein schöpferisches Wesen schaffen? Denn das würde ja bedeuten: ein Wesen, das sich von ihm ablöst, das unabhängig von ihm wird. Es ist das eine schwierige Frage. Etwas banal könnte man sie so formulieren:

Kann Gott einen Stein schaffen, der so schwer ist, dass er ihn selbst nicht mehr heben kann? Wenn man sagt: ja, das kann er, weil er allmächtig ist, dann ist er anschließend eben nicht mehr allmächtig; es gibt dann Steine, die er nicht mehr heben kann. Und wenn man sagt: er kann das nicht, dann ist er von vornherein nicht allmächtig. Es ist mit dem Allmachtsbegriff eine Paradoxie verbunden, eine Widersprüchlichkeit in sich selbst. Ähnlich wie mit den Steinen ist es nun mit dem Menschen. Er ist seinem Wesen nach göttlichen Ursprungs, denn er ist aus Gott geschaffen; zugleich begrenzt er die Allmacht Gottes, indem er beginnt, selbst schöpferisch tätig zu werden, aus sich heraus etwas Neues, Eigenes in die Welt zu bringen.

Will man dieses Verhältnis auf menschliche Art charakterisieren, könnte man sagen: Gott hat die Sehnsucht nach einem Gegenüber, so wie Eltern die Sehnsucht nach mündigen Kindern haben. Da gibt es zwar manchmal Konflikte, dennoch wären die Eltern nicht glücklich, wenn die Kinder niemals eigene Ansichten vertreten würden. Indem man also diese Sehnsucht nach einem eigenständigen, originären, mündigen Gegenüber nachvollzieht, kann man sich einem Verständnis dafür nähern, dass der Mensch als Ebenbild Gottes ein solches Gegenüber sein könnte. Er ist es indessen nicht von vornherein. Mündigkeit muss errungen und erlitten und erübt werden; das kennt jeder aus seiner Biographie. Diese Spanne zwischen dem Menschen als Krone der Schöpfung und seiner Bestimmung, ein freies, verantwortliches, schöpferisches Wesen zu sein, ist im Großen die Geschichte, das Werden der Menschheit, und im Kleinen die Biographie jedes einzelnen Menschen. Auch die Biographie des einzelnen Menschen ist ein solches Werden vom Geschöpf zum Schöpfer, zum – mehr oder weniger – mündigen Menschen.

Betrachten wir den Menschen auf diesem Weg, das heißt, sehen wir in ihm nicht das fertige, sondern das werdende Wesen, dann erkennen wir sofort: Jeder Prozess des Werdens bedarf der Führung! Je anfänglicher der Werdeweg ist, desto intensiver muss die Führung sein; je selbstständiger das Wesen wird, je mehr es sich dem Ziel nähert, desto mehr wird die Führung von »außen« zurücktreten und einer inneren, eigenen Führung Platz machen. Das hat sogar ein pädagogisches Pendant. Rudolf Steiner hat einmal im Zusammenhang mit seiner Pädagogik[3] ausgesprochen: Je jünger ein Kind ist, eine desto intensivere Beziehung entwickelt es zu älteren Menschen; und je älter es wird, desto stärker gestaltet sich das pädagogische Verhältnis zu jüngeren. Das kleine Kind freut sich ganz besonders über die Großmutter, während es für den siebzehnjährigen Schüler genügt, wenn der Lehrer zweiundzwanzig oder dreiundzwanzig Jahre alt ist. Schließlich wird man sozusagen »gleichaltrig«, der Altersunterschied spielt in pädagogischer Hinsicht keine Rolle mehr, man geht nun miteinander, arbeitet miteinander, unternimmt das eine und das andere gemeinsam. Dieses Verhältnis entwickelt sich ab dem zwanzigsten Lebensjahr etwa; und zugleich geht die äußere Führung in die eigene Führung über.

Was sich in dieser Weise als menschlich-pädagogisches Verhältnis zwischen Menschen auf der Erde entwickelt, kann nun eine Vorstellung vermitteln von dem, was sich zwischen Gott und dem Menschen entwickelt, oder anders ausgedrückt: zwischen dem Ursprung des Menschen als eines geschaffenen Wesens und seinem Ziel, die Ebenbildlichkeit Gottes als selbst schöpferisches Wesen ganz zu verwirklichen. Dazwischen liegt ein Weg, auf dem er geistige Wesen als Führer braucht, den er nicht allein meistern kann.

Wer Führer sein will, muss ja dem anderen, dem, den er führt, mehr oder weniger voraus sein, wenigstens einen Schritt, nur dadurch kann er ihn auf Gefahren, Weggabelungen und so weiter aufmerksam machen. Andererseits repräsentiert der Führer auch ein Element der Zukunft. Der Nachfolgende sieht in ihm das Ziel, wohin er selbst kommen möchte, und gewinnt für sich selbst Sicherheit. Daher ist es auch so wichtig, dass man eine gute Beziehung zu seinem Führer hat. Das setzt voraus, einerseits, dass man sich eingesteht, noch nicht alles zu wissen und zu können, andererseits, dass der Führer auf die Entwicklungsstufe des ihm Folgenden Rücksicht nimmt.

Im pädagogischen Bereich wird das ganz deutlich. Ein guter Lehrer weiß eben wirklich manches besser als der Schüler, und das vertritt er dann, nicht weil er rechthaberisch ist, sondern weil er sieht, dass sich im Schüler etwas entwickelt; und daran orientiert er dann seine pädagogische Führung. Jeder hat ein anderes, nur ihm eigenes Ziel, jeder will etwas anderes werden. Erst wenn der Lehrer dies versteht, kann und darf er führen.

Engel sind Wesen, die uns »voraus« sind

Was bedeutet das nun für das Verhältnis des Menschen zur geistigen Welt? Da müssen wir uns einen Bereich wieder erobern, der in der heutigen Theologie fast ganz verschüttet ist. Was noch als Ahnung des großen, vielgestaltigen Engelkosmos lebendig geblieben ist, wird einerseits als Restbestand eines überholten Polytheismus abgetan, der weggeschafft werden müsse, wie überhaupt das Christentum dringend von seinen griechischen Einflüssen zu befreien sei; andererseits sieht man in den Engeln nichts weiter als Projektionen des Unterbewussten, die eben in bestimmten Situationen auftreten oder auch künstlich hervorgerufen werden können. Das sind extreme Formen einer Modernität, die gerade verhindern, die Engelwelt zu verstehen.

Wenn man nun das oben dargestellte Verhältnis zwischen Führer und Geführtem, Lehrer und Schüler auf das Verhältnis zwischen Engel und Mensch überträgt, kann man sagen: Engel sind Wesen, die uns ein, zwei, drei kosmische Schritte voraus sind, Wesen, die jetzt schon an einem »Ort« sind, an dem wir vielleicht in Zukunft einmal sein werden, dann, wenn wir weiter gereift sind, wenn sich unser Bewusstsein weiter vermenschlicht hat, wenn es auch da, wo es heute noch schläft, aufgewacht ist. Wir schauen dann Wesen verschiedenen Alters – so wie es in einer Schule eben Schüler gibt, die eine, zwei oder drei Klassen über uns sind, oder vor uns, und die schon jetzt etwas repräsentieren, das wir erst noch erreichen müssen.

Um das zu verstehen, braucht es freilich eine Art »metahistorischer« Geschichtsbetrachtung, also eine Betrachtung, die nicht nur auf das schaut, was äußerlich zu erkennen und in Dokumenten überliefert ist, sondern das mit einbezieht, was die äußeren Erscheinungen erst hervorgerufen hat. Da gibt die Anthroposophie viele Anregungen. So stellt Rudolf Steiner beispielsweise in seiner Schrift »Die geistige Führung des Menschen und der Menschheit«[4] dar, wie in einer fernen Vergangenheit die menschlichen Verhältnisse auf der Erde noch viel stärker von göttlich-geistigen Wesenheiten gelenkt und geordnet wurden. Sie wirkten durch menschliche Persönlichkeiten hindurch, die sich bereit gemacht hatten, den göttlichen Willen in sich aufzunehmen und danach die Erdenverhältnisse zu gestalten. Diese Menschen besaßen dann zu ihrer Zeit eine große Autorität – man denke nur an die ägyptischen Pharaonen –, glaubten aber selbstverständlich nicht, dass sie selber führen würden, sondern empfanden sich als Repräsentanten einer höheren Ordnung.

Das pädagogische Prinzip »je jünger das Kind, desto älter der Lehrer« gilt nun auch für die himmlische Pädagogik. Am Anfang des Geschichtsprozesses, als die Menschheit noch sehr jung war, war die Führung am intensivsten, und die Entwicklung wurde von Wesen inspiriert, die dem Menschen drei kosmische

Schritte, drei kosmische Klassen voraus waren. Im Neuen Testament und in der christlichen Tradition werden sie Archai genannt. Luther übersetzt mit »Fürstentümer«, das griechische Wort arché bedeutet aber eigentlich: Anfang, Uranfang, da, wo etwas beginnt. Dann übernahmen die Archangeloi oder Erzengel die Führung; sie standen eine Stufe tiefer, also dem Menschen schon näher. Schließlich, in der ägyptischen Zeit, waren es die Angeloi oder Engel, die dem Menschen nur noch einen Schritt voraus waren. Archai, Erzengel und Engel haben auch einmal ihre »Menschheitsstufe« durchgemacht. Sie kennen, was wir durchmachen, dieses Ringen um Identität. Zunächst: Wer bin ich? Dann aber auch, wenn wir diese Frage geklärt haben, die weitere: Und wer bist du? Das ist ja viel mehr. Das heranwachsende Kind muss erst einmal, im dritten Lebensjahr, »Ich« sagen lernen – was mühsam genug ist, auch für die Erzieher –, bis es schließlich »Du« sagen, also in ein bewusstes Verhältnis zum anderen Menschen treten kann. – Man sieht, die Menschheitsstufe des Ich-Sagens muss nicht die letzte sein; es gibt noch weitere Möglichkeiten, und diese sind eben schon durch Engel, Erzengel und Archai verwirklicht. Deshalb sind sie kosmisch weiter fortgeschritten als wir.

In der ägyptischen Zeit regten dann die Engel hinter den Kulissen die Geschichte fortwährend an, indem sie den Pharaonen ihre Kulturimpulse zukommen ließen. In der Zeit schließlich, die wir heute als Antike bezeichnen, hörte die Führung aus der göttlichen Welt auf; das entspricht etwa dem 21. Lebensjahr des Menschen. Die Griechen erlebten nichts mehr, das sie von »oben« geführt, getragen hätte, worin sie sich hätten geborgen fühlen können. Daher hatten sie auch eine so große Furcht vor dem Tod, vor dem wesenlosen Schattenreich, wie sie es nannten. Die antike Kultur hat auf der einen Seite etwas ganz Menschliches – das macht sie uns auch so sympathisch – auf der anderen Seite etwas Suchendes, fast Verzweifelndes. Auf diese Weise waren die Menschen in diesem Kulturkreis darauf vorbereitet zu begreifen, dass die Führung nun an den Menschen selbst übergeht, dass der Mensch lernen soll, sich selbst zu führen – dass Gott Mensch wird. Die Offenheit, das Verständnis für das Christentum waren in dieser Zeit ausgebildet. Und wir können sagen: Das Christentum, so wie es auftritt, ist tatsächlich der eigentliche Quell, das eigentliche Zentrum unserer Mündigkeit, der Führung des Menschen aus sich selbst heraus.

Die Engel als Lehrer der Menschen

Nun braucht es immer eine gewisse Zeit, bis ein neuer Einschlag in die Entwicklung auch wirksam wird. Und so hört die »Führung« nicht schlagartig auf. Die christliche Kirche konstituierte sich zunächst, alte Strukturen aufgreifend, in einer stark hierarchisch geprägten Form. Das eigentliche Element des Christentums ist aber etwas ganz anderes, es hängt eben mit der Eigenführung des Menschen zusammen. Und da stellt sich in unserer Gegenwart mit aller Schärfe die Frage: Woher gewinnen wir als einzelne Menschen, als Menschengruppe, als Völker, als ganze Menschheit die Möglichkeit, Eigenführung und Eigenverantwortlichkeit – diese gehören untrennbar zusammen – zu erringen?

Eine Antwort darauf kann man nur in der Richtung suchen, dass man sich sagt: Auch der mündige Mensch braucht selbstverständlich Lehrer. Nur ist das Verhältnis zu ihnen ein anderes geworden. Der unmündige Mensch findet seine Lehrer vor; er hat ihnen zu folgen, bis er reif genug ist und entlassen werden kann. Der mündige Mensch aber muss sich seine Lehrer selbst suchen. Dazu ist zweierlei notwendig. Als erstes muss er überhaupt suchen, das heißt, dass er überhaupt Fragen hat – manche Menschen haben ja nicht das Gefühl, dass ihnen ein Lehrer gut täte –, dass er etwas lernen möchte, von dem er weiß, dass er es aus sich heraus nicht könnte, zum Beispiel Chinesisch oder andere Dinge, die ähnlich schwierig sind. Das Bedürfnis, etwas zu lernen, das Bewusstsein, dass er noch nicht am Ende seiner Möglichkeiten ist, veranlasst also den Menschen, nach einem Lehrer zu suchen.

Etwas Weiteres kommt aber hinzu: Man muss den Lehrer, wenn man ihn gefunden hat, auch noch für sich gewinnen. Beim Chinesischen ist das relativ leicht; wenn man aber ein Musikinstrument spielt, beispielsweise Geige, und gerne bei Anne Sophie Mutter lernen möchte, könnte es sein, dass das nicht so ohne weiteres gelingt. Man hat zwar einen Lehrer gesucht und auch gefunden, weiß, wohin man reisen muss, um ihm zu begegnen; aber ob man ihn dann auch bekommt, hängt von ganz anderen Dingen ab. Man strebt ein bestimmtes Ziel an, kann es aber nicht erreichen, weil man nicht angenommen wird. Im Universitätssystem nennt man das »numerus clausus«. Wie überwindet man ihn? Durch Leistung! Man muss Hervorragendes leisten oder zumindest dem Lehrer den Eindruck vermitteln, dass noch viel aus einem herauszuholen ist, auch wenn im Augenblick alles noch ein bisschen mager ausschaut. Wenn der Lehrer die Möglichkeiten, die in einem Schüler stecken, und dessen Leistungswillen erlebt, wird er ihn auch als Schüler annehmen.

Diese beiden Bedingungen gelten heute auch für das Verhältnis des Menschen zu den Wesen über uns, zunächst zu den drei Hierarchien der Engel, Erzengel und Archai. Damit sie am Menschen wieder Interesse haben, muss der Mensch zuerst einmal das Gefühl haben, Hilfe zu brauchen, Hilfe jedoch nicht in dem Sinn von: Ziehe mich raus! sondern in dem Sinn von: Lehre mich schwimmen. Das ist etwas ganz anderes. Wir werden heute nicht mehr einfach herausgezogen, auch wenn wir fast untergehen; aber es kann uns etwas zukommen, damit wir damit fertig werden. Das ist dann selbstverständlich nicht unsere eigene Leistung, aber ohne unsere seelische Aktivität, von der schon gesprochen wurde, geht es in unserem Zeitalter, wo sich die Führung ganz zurückgezogen hat und wir ganz gottverlassen sind, nicht. Diese Gottverlassenheit ist eben nicht nur etwas Negatives, sondern – und das ist das Großartige – ein Zeichen unserer Mündigkeit.

Gehen, Sprechen und Denken als Ausdruck des Wirkens höherer Wesen

Nun gibt es in der Beziehung des Menschen zu den drei Stufen der höheren Wesen, zu Engeln, Erzengeln und Archai, zwei Bereiche: einen Bereich, wo immer noch eine gewisse Führung da ist und der dem Menschen immer noch unbewusst ist, und einen anderen, wo sich das geändert hat. Der erste Bereich ist der, der uns im eigentlichen Sinn zu Menschen macht, der uns über die anderen Naturreiche, vor allem über das Tierreich hinaushebt.

Denn was unterscheidet den Menschen vom Tier? Das, was ihm eigen ist, ohne ihm angeboren zu sein. Das Tier hat alle seine Leistungen aufgrund dessen, dass sie ihm angeboren sind. Man kann nicht sagen, die Vögel würden ihren Jungen das Fliegen beibringen. Das sieht nur so aus, das sind menschliche Übertragungen. Das Tier bringt seine jeweils spezifischen Fähigkeiten schon mit, es wird, wie Goethe sagt, durch seine Organe belehrt. Auf den Menschen übertragen, würde das ein groteskes Bild ergeben: Der Mensch müsste nur schauen, welche Organe er an sich trägt, und wüsste dann auch gleich, was er tun soll. Dass dem nicht so ist, liegt offen zutage. Der Mensch wird nicht durch seine Organe belehrt, sondern muss seinerseits seine Organe belehren. Die Hand ist ganz gespannt, was ich mit ihr mache, wozu sie mir dienen kann; sie ist ganz offen. Der Mensch ist also gerade nicht festgelegt im Gebrauch seiner Organe, er ist in dieser Hinsicht sogar viel klüger als das Tier, vor allem vielseitiger. Er hat alle Möglichkeiten, selber etwas zu entwickeln. Darauf beruht die Fülle und die Vielfalt der Menschen.

Es gibt drei Dinge, die sozusagen die wesentlichen Voraussetzungen für das Menschsein sind und die der Mensch erlernen muss, die ihm nicht angeboren sind, die er nicht von selber kann. Wenn er keine Vorbilder hat, wenn keine Menschen da sind, die ihm diese Fähigkeiten – jetzt kann man wirklich sagen: beibringen, wird er sie nicht ausbilden. Die erste dieser Fähigkeiten ist der aufrechte Gang, die aufrechte Haltung. Ein Kind braucht von seiner Geburt an immerfort das Vorbild des erwachsenen Menschen, um den Impuls zu bekommen, sich aufzurichten. Stehen und Gehen müssen wir tatsächlich lernen, auch wenn sie uns dann völlig selbstverständlich sind. Sie sind sogar in einer gewissen Weise unphysiologisch. Viele Organe, zum Beispiel die Wirbelsäule, müssen erst noch gebogen werden, bis wir wirklich stehfähig sind; und die Füße, die bei der Geburt noch ganz platt sind, müssen erst noch das Gewölbe ausbilden, damit wir auf ihnen stehen und gehen können.

Das zweite, was wir auf keinen Fall können, ohne dass es uns beigebracht wird, ist das Sprechen. Die Aufforderung, doch einfach den Kehlkopf zu benutzen, führt zu gar nichts; man muss immer wieder eine bestimmte Sprache hören, um sprechen zu lernen. Die kann ganz verschieden sein – der Kehlkopf legt nicht fest, ob das, was ich nachher spreche, deutsch oder chinesisch ist, da ist noch alles offen. Erst wenn eine Sprache gebildet ist, hat auch der Kehlkopf eine gewisse Festlegung erfahren, so dass der Chinese nicht mehr so ohne Weiteres ein R aussprechen kann. Aber selbst diese Fixierung ist durch Üben wieder aufzulösen.

Das dritte, was uns zum Menschen macht und uns nicht von Anfang an gegeben ist, ist das Denken. Auch dazu ist das Instrument, das Gehirn, bei der Geburt noch gar nicht tauglich. Vielmehr bilden sich die feineren Strukturen, die notwendig sind, damit wir Gedanken fassen, überhaupt erst dadurch, dass wir denken. Wenn in der Kindheit niemand da ist, der uns vor-denkt, wenn wir das Denken nicht üben und dadurch die Ausbildung des Gehirns nicht anregen, kann dieser Mangel später nicht mehr ausgeglichen werden; ein Zurück in den kindlich-bildsamen Zustand ist nicht möglich.

In Gehen, Sprechen und Denken, diesen urmenschlichen Fähigkeiten, die erst erlernt werden müssen, die nicht als Begabung mitgebracht werden, wirken im Hintergrund die göttlich-geistigen Führer beziehungsweise Lehrer des Menschen.

Die Archai sind damit verbunden, dass sich der Mensch aufrichten und so zwischen Himmel und Erde stellen kann, dass er weder einseitig der Schwere noch einseitig der »Leichte« verfällt.

Die Erzengel wirken im Sprechen und in den verschiedenen Sprachen, als englischer Sprachgeist, deutscher Sprachgeist, russischer Sprachgeist und so weiter.

Die Engel schließlich sind immerfort im Denken, in der Gedankenkraft des Menschen mit tätig und erleuchten es.[5]

So werden wir durch diese drei Arten von Engelwesen zu gehenden, sprechenden, verstehenden und denkenden Menschen; wir lernen durch ihre Hilfe, was unser Menschsein ausmacht, aber wir lernen es in einer Zeit, da wir selbst noch unmündig sind, noch unfähig, uns selbst von innen her zu führen. Doch sind wir gerade durch diese Gaben von Gehen, Sprechen und Denken dann in der Lage, mündig zu werden, eigene Gedanken zu haben, individuelle Sprachen zu sprechen und persönliche Handlungen auszuführen. Denn die Hände, mit denen wir handeln, werden ja erst dadurch frei, dass wir Gehende sind. Ein Tier hat es da viel schwerer, mit seinen Gliedmaßen umzugehen. Wir sind mit unseren Händen und durch sie frei geworden.

Der Bereich des Gehens, Sprechens und Denkens wird auch heute noch aus der geistigen Welt geregelt und geordnet; da haben wir noch eine, wenn auch unbewusste, Beziehung zu der Welt über uns. Es gibt aber einen anderen Bereich, da hat sich dieses Verhältnis geändert. Zu ihm gehört zunächst alles, was mit der schöpferischen Genialität zusammenhängt. Es gab in der Vergangenheit unglaublich geniale, schöpferische Menschen. Man muss da nur beispielsweise an den ägyptischen Baumeister Imhotep denken, der die Stufenpyramide von Sakkara und die dazu gehörigen Tempel baute, oder an Achill oder Odysseus, von denen Homer erzählt, oder auch an

Julius Caesar. Wohl gibt es auch in der neueren Zeit noch ein paar geniale Persönlichkeiten, aber von diesem Übermaß an Genialität, das früher vorhanden war, sind wir doch weit entfernt. Wir haben allen Grund, ganz bescheiden zu sein und uns auf unsere heutige Zivilisation nicht allzu viel einzubilden.

Weiterhin gehört zu dem genannten Bereich die Gemütstiefe und Erlebnisfähigkeit. Sie war den Menschen früher in weit höherem Maß gegeben als uns heutigen. Es gibt ja heute viele Menschen, die darüber klagen, dass sie nicht mehr richtig erleben können, und die durch diese Art von Gemütsschwäche dann dazu getrieben werden, nach immer stärkeren Reizen zu suchen, um die Flachheit und Leere ihres Innern zu füllen: Erlebnisurlaub, Action bis hin zu wirklich gefährlichen Unternehmungen, die für kurze Zeit die Seele in eine Art von Rausch und Ekstase versetzen. Es wird berichtet, dass bei der Uraufführung von Beethovens Neunter Symphonie manche Menschen so erschüttert waren, dass sie ohnmächtig wurden. Das ist heute nicht mehr vorstellbar, wir sind sehr »cool« geworden.

Das dritte, was zu dem Bereich gehört, auf dem sich tiefgreifende Veränderungen vollzogen haben, betrifft die Moralität. Was als gut, was als böse zu gelten hatte, war den Menschen früher wie selbstverständlich durch Gesetze gegeben, an denen sie sich orientieren, nach denen sie ihr Verhalten ausrichten konnten, das mosaische Gesetz ist nur eines von vielen möglichen Beispielen. Nicht ohne Grund ist heute weithin der Ruf nach neuen ethischen Grundsätzen, nach einem »Weltethos« zu vernehmen; das ist nur ein Symptom dafür, dass alle Selbstverständlichkeiten auf diesem Gebiet verloren gegangen sind.

In der schöpferischen Genialität als Begabung, in der Gemütstiefe und Erlebensstärke als selbstverständlicher Lebenserscheinung, in der Moralität als etwas Gegebenem wirkten einst die Engel, Erzengel und Archai. Sie haben sich zurückgezogen und den Menschen für mündig erklärt; und so sehen wir heute auf all diesen Gebieten Verlust und Mangel und müssen uns fragen, wie sie behoben werden können, ohne auf Überkommenes und im Grunde Abgelebtes zurückgreifen zu müssen.

Wie kann der Mensch
von den Engeln lernen?

Der Mensch ist in die Mündigkeit entlassen. Das heißt, dass wir von nun an auf diesen drei Feldern selbst aktiv werden, selbst Seelenaktivität entfalten müssen, um die Wesen, denen wir diese Fähigkeiten einmal verdankten, wieder als Lehrer für uns zu interessieren. Der Fortgang der Entwicklung in diesem apokalyptischen Zeitalter entscheidet sich im Grunde daran, ob es uns gelingt, in unserer Autonomie und unserem Alleingelassensein die Lehrer zu finden und von ihnen angenommen zu werden, die Anregungen, Impulse für die Zukunft geben können. Dazu ist, wie bereits gesagt, notwendig, dass wir einerseits überhaupt eine Frage haben und auf die Suche gehen und dass wir andererseits denken können, dass es diese Lehrer gibt; denn ohne das Wissen von deren Existenz kann ich auch nicht nach ihnen suchen.

Wenn es nun diesen Unterricht gibt – und wir wollen einmal annehmen, dass es ihn gibt –, dann stellt sich die Frage, wo er denn erteilt wird. Nun, er findet in der Nacht statt, wenn wir schlafen, in diesem Nachtbereich, in dem das Tagesbewusstsein erloschen ist und der Mensch offen ist für alles, was eben nicht der gegenständlichen Welt, die er mit seinen Sinnen wahrnimmt und mit seinem Verstand verar-

beitet, angehört. Heute dominiert das wache Tagesbewusstsein, und alles, was ihm nicht entspricht,
wird entweder ausgeblendet oder in den Bereich des
Phantastischen verwiesen, dem nichts Reales, kein
wirklicher Inhalt entspricht. Das Wissen darum, dass
im Schlaf etwas außerordentlich Wichtiges passiert,
besser: passieren kann, gehört zu den Dingen, die
heute wieder ans Tageslicht geholt werden müssen.
Das hängt mit dem zusammen, was einleitend geschildert wurde: dass nämlich etwas hereinbricht in
das Leben, dass die Schleier weggezogen werden.

Wie kann ich mich denn auf das, was da in der
Nacht geschieht, vorbereiten? Außerordentlich hilf-
reich kann da der Gedanke sein: In dieser Nacht,
wenn ich schlafe, werde ich eine »Schule« betreten;
und es hängt von meiner Wachheit ab, ob ich das,
was ich da höre, aufnehmen kann, ob ich den Lehrer
überhaupt zu sehen in der Lage bin.

Der Mensch begegnet in der Nacht, im Schlafen,
seinem Engel. Und wie bei einer Begegnung im all-
täglichen Leben kann es sein, dass man diese Begegnung einfach nicht bemerkt oder ihre Bedeutung ver-
kennt und dadurch unter Umständen eine große
Chance verpasst. Wir können also wissen, dass wir
eine Begegnung haben werden, und uns darauf vorbereiten. Und die beste Vorbereitung besteht darin,
dass wir uns vor dem Einschlafen am Abend bewusst
machen: Es muss so sein. Jede Menschenbegegnung
gewinnt an Intensität, wenn ich mich auf sie vorbe-
reite, wenn ich weiß, jetzt werde ich bald mit diesem
Menschen reden. Dann kann sich vielleicht etwas er-

eignen, was sich nicht ereignen würde, wenn man einfach zufällig in sie hineinstolperte. – Entsprechend könnte man sich vor dem Einschlafen etwas davon bewusst machen, was einem bevorsteht, welche Bedeutung diese Begegnung haben wird, wie sie zur Quelle einer neuen Genialität, einer neuen Gemütskraft und Denkkraft werden kann.

Rudolf Steiner hat einmal in einem Vortrag[6] seinen Zuhörern empfohlen, in sich die Empfindung zu entwickeln: Der Schlaf vereinigt uns mit der geistigen Welt. Er sagte: »Und wenigstens sollten die Menschen nach und nach dasjenige entwickeln, was sie sich mit den Worten sagen können: Ich schlafe ein. Bis zum Aufwachen wird meine Seele in der geistigen Welt sein. Da wird sie der führenden Wesensmacht meines Erdenlebens begegnen, die in der geistigen Welt vorhanden ist, die mein Haupt umschwebt, da wird sie dem Genius begegnen.« – Er nennt den Engel den Genius des einzelnen Menschen. – »Und wenn ich aufwachen werde, werde ich die Begegnung mit dem Genius gehabt haben. Die Flügel meines Genius werden herangeschlagen haben an meine Seele.« Wenn nun der Mensch ein klein wenig aufmerksam ist, erhascht er im Aufwachen noch etwas von dem, was sich da ereignet hat, und empfindet, dass eine Kraft davon ausgeht, die in sein waches Tagesleben hereinwirkt und ihn manche Schwierigkeit, manches Problem klarer sehen lässt. Das ist gemeint mit dem Wort: Morgenstund hat Gold im Mund. Es ist sehr gut, gewisse Probleme manchmal zu überschlafen; denn dann kann die Weisheit der Nacht in ihre Lösung einbezogen werden. –

Das wäre also eine erste Orientierung für die Welt des Schlafes, eine Orientierung, die wach, bewusst vorgenommen wird. Man kann sich sagen: Ich weiß zwar nicht genau, was daraus wird, aber ich suche die Begegnung, ich suche meinen Lehrer, zunächst den, der mir einen kosmischen Schritt voraus ist.

Was kann der Mensch
den Engeln mitbringen?

Nun muss aber ein zweiter Schritt folgen: Ich muss den Lehrer interessieren, ich muss etwas leisten, muss etwas mitbringen. In Bezug auf die Engel besteht die Substanz ganz einfach darin, was wir den Tag über gedacht haben, und das ist ja sehr verschieden. Nicht alles ist da brauchbar für den Engel. Im Gegenteil, das Allermeiste hat überhaupt kein Gewicht, das nimmt der Engel gar nicht wahr. Die für ihn brauchbaren Gedanken sind die wesentlichen Gedanken. Wenn man sich am Abend einmal fragt, was man den ganzen Tag über gedacht hat und was davon wirklich wichtig und wesentlich war, bekommt man einen Maßstab dafür, wie der Tag insgesamt ausgefallen ist. Natürlich ist die intensive Beschäftigung mit der Frage, wo man den nächsten Urlaub verbringen solle, für das persönliche Leben nicht ganz bedeutungslos. Aber ist es eine wesentliche Frage? Was ist wesentlich, was zählt? In dem Maße, wie wir etwas an wesentlichen Gedanken anzubieten haben, in dem Maße erwacht das Interesse des Engels an uns. Wir müssen also etwas tun, etwas dazu beitragen, um interessant für ihn zu sein; sonst passiert nicht viel.

Die Erzengel haben es, wie schon gesagt, mit der Sprache zu tun. Auch da müssen wir uns fragen, was von dem vielen, das wir den Tag über ausgesprochen haben, mehr war als – Geschwätz. Was war denn wirklich lohnend und wesentlich und wert, dass es ausgesprochen wurde? Da kommen wir in den, fast möchte man sagen trostlosen Bereich, wie sich heute die Kommunikation zwischen Menschen abspielt: Abkürzungssprache, Lieblosigkeit der Sprache gegenüber und darin unterschwellig eine unbewusste Lieblosigkeit überhaupt im Umgang der Menschen miteinander. Wie ich formuliere, wenn ich zu einem anderen Menschen spreche – ob ich darauf achte, dass der andere mich versteht, oder die Worte einfach »hinknalle« –, bestimmt ja weitgehend die Qualität dessen, was ich sage. Den meisten Worten, die heute gesprochen werden, fehlt, was man nennen kann die Tiefe. Und ebenso fehlt sie den Gedanken.

Woher kommt aber die Tiefe im Wort, in den Gedanken, in der Sprache? Sie kommt aus einem Quell, der heute ebenfalls fast ganz verschüttet ist; und der heißt: Schweigen. Es gibt kein Wort, keine Sprache, die nicht ihre Tiefe aus dem Schweigen gewinnen. Da ist auf der einen Seite das Schweigen, bevor wir sprechen, dieses kurze Zurückhalten der sich meist so schnell einstellenden Worte, um noch einmal zu überlegen, was man wirklich sagen möchte – statt sich im Sprechen zu überlegen, was man noch sagen könnte. Das Schweigen vor dem Sprechen gibt dem Wort Kraft; und wenn Menschen vielleicht über Jahre hin über etwas geschwiegen haben und es dann aussprechen, dann hat es Gewicht, dann wirkt es als etwas, das im Schweigen wesentlich geworden ist.

Auf der anderen Seite ist da das Schweigen nach

dem Wort. Ein Mensch hat gesprochen, ich verstehe nicht gleich, was er meinte, und tue nun etwas, was im Neuen Testament von Maria geschildert wird. Maria kam immer wieder in die Situation, nicht zu verstehen, was ihr Sohn ihr sagte, was die Hirten ihr von dem Wort der Engel berichteten. Da heißt es ganz lapidar: »Maria aber bewahrte und bewegte all diese Worte in ihrem Herzen« (Lk 2,19). Wenn wir etwas nicht verstanden haben, ist es sehr gut, mit dem Urteil zurückzuhalten, nicht gleich zu sagen, das sei unmöglich oder das müsse wohl so sein, sondern einfach einmal eine Zeitlang damit zu leben, das Urteil offen, gleichsam unentschieden zu lassen. Dann gewinnt das Wort, das man vom anderen Menschen gehört hat, in der eigenen Seele seine Tiefe. Es durchdringt die Oberfläche, an der sonst die Worte kleben bleiben, wenn die Menschen miteinander sprechen; und durch das Schweigen vor dem Wort und das bewahrende, bewegende Schweigen nach dem Wort vertieft sich die Beziehung der Menschen zueinander – und das ist dringend notwendig.

Alles, was in dieser Weise den Tag über gesprochen und gehört worden ist und Tiefe gewonnen hat, wird in der Nacht zur Substanz, für die sich die Erzengel interessieren. Dann kann von ihnen das zum Menschen hinfließen, was wir die Gemütstiefe, die Erlebnisfähigkeit genannt haben. Wenn also jemand von sich sagt, er könne gar nicht mehr richtig erleben, er brauche jetzt unbedingt einen Erlebnisurlaub, dann kann man ihm raten: Lerne schweigen, lerne in deiner Sprache einmal eine Vertiefung, dann wirst du bemerken, wie sich Gemütskräfte in dir bilden, die du vorher nicht hattest; dann wird die Tiefe deines Erlebens zunehmen. – Er wird vielleicht nicht glauben, dass diese merkwürdige Therapie wirksam ist. Und doch ist sie es, denn da wirkt nicht nur der Mensch allein, sondern die Vermittler, die Lehrer, die diese Kräfte an den Menschen herantragen, die Erzengel.

Schließlich die Archai! Zu ihrem Bereich gehört alles, was mit unserem Handeln zusammenhängt, mit unserer Moralität. Es wurde ja oben schon darauf hingewiesen, wie die alte Sicherheit im moralischen Urteilen über das, was gut und was böse ist, in der Gegenwart fast ganz zusammengebrochen ist. Wie beim Denken und beim Sprechen sind wir auch hier zur eigenen Verantwortung aufgerufen. Wir müssen immer mehr lernen, uns so in die Welt zu stellen, dass wir das, was wir tun, auch wirklich selber wollen – statt so viele Dinge zu tun, die wir nicht wollen, unreflektiert, nur als Reaktion auf etwas, das auf uns eindringt, so dass wir erst hinterher merken, was wir getan haben. So wie das Sprechen aus dem Schweigen kommen sollte, so das Handeln aus der Bedachtsamkeit, wobei bedächtiges Handeln nicht mit phlegmatischem Handeln gleichzusetzen ist. Taten, die bedacht und wirklich gewollt sind und für die der Einzelne uneingeschränkt die Verantwortung übernimmt, solche Taten interessieren die Archai in der Nacht. Dafür wird dem Menschen eine ganz neue Kraft des Gewissens erwachsen, so dass er nicht erst im Nachhinein merkt, daß er etwas falsch gemacht hat, sondern im Moment, gleichsam »gewissensgegenwärtig«, weiß, was richtig ist und was nicht. Diese Entwicklung des Gewissens aus dem Inneren heraus erfolgt in der Nacht und wirkt dann in das wache Tagesleben herein.

Die Wirkung der Gegenmächte

Wird die seelische Aktivität, die zu einem wahrhaften Denken, einem tiefen Erleben und zur Gewissensbildung notwendig ist, nicht entfaltet, geschieht nicht etwa nichts, sondern es entsteht im Innern eine Leere, die geradezu zum Wirkensort dämonischer Wesen wird, die auch über uns sind, aber sozusagen »unter uns über uns«. Diese Wesen sind ähnlich mächtig wie die Engel, Erzengel und Archai, aber ihr Wirken ist von ganz anderer Art. Sie sind sozusagen die Verstärker unserer Schwächen. Gerade wenn wir nicht aktiv sind, haben diese Wesen die Möglichkeit, aktiv zu werden. Wir fangen dann eben an, nicht mehr wahrhaft und wirklichkeitsgemäß zu denken, sondern zu vermuten, Wissen durch Vermuten zu ersetzen. Heute werden lange Unterhaltungen geführt, die frei auf Vermutungen basieren. Der eine vermutet, der nächste vermutet, dann vermuten alle, und es entsteht ein Wortgeklingel, das leer ist, ohne Inhalt. Man versteht es ausgezeichnet, mit vielen Worten nichts zu sagen! Oder man stellt auf den Computern irrsinnige Berechnungen an. Diese sind natürlich mathematisch ganz exakt, sie haben nur den Nachteil, dass irgendwelche Voraussetzungen, Einschätzungen, Annahmen, die ich als denkender Mensch natürlich haben kann, durch den Computer ins Unendliche vergrößert werden. Wir können uns dadurch von jetzt auf gleich in eine Zukunft hineinrechnen, die aber nichts anderes ist als ein völlig irreales Konstrukt, da sie auf der Überzeugung beruht, dass alles in der gleichen Art weiterläuft wie gewohnt. Dieser Blitztransport von Gedanken in die Zukunft führt zu einem Denken in bloßen Quantitäten, einem »Mengen-Denken«. Und das Denken selbst wird schwach, weil es nicht mitwachsen kann und dadurch seinen Bezug zur Wirklichkeit verliert. Der Computer verhindert heute das Wachstum der Gedanken.

Es können also im Innern des Menschen leere, hohle, inhaltslose »Orte« entstehen, in die dann andere, dämonische Wesen einziehen. Wenn die Vermutungen sich verselbstständigt haben, wenn die Voraussetzungen ins Gigantische gewachsen sind, wird im Menschen Selbstüberschätzung erzeugt und – Angst vor der Zukunft. Wenn die Sprache hohl wird, weil sie nicht mehr aktiv gebildet wird und der Mensch selbst in seinem Sprechen nicht mehr wirklich anwesend ist, kommt das Gerücht oder die Phrase zustande, das Nichtssagende, stereotyp Wiederholte, das wir heute auf so vielen Gebieten des Lebens beobachten können. Diese Sprachdegeneration, diese absolute Untiefe der Sprache muss man ganz hart beim Wort nennen. Denn wo die sprachliche Verständigung nicht mehr gelingt, werden Aggressionen freigesetzt; und die Explosion der Gewalt in den Zivilisationen der Gegenwart hat in der Sprachlosigkeit eine ihrer Wurzeln.

Schließlich: Wenn wir nicht bereit sind, für unser Handeln die Verantwortung zu übernehmen, und die

44

Schuld für alles, was geschieht, den anderen, »denen da oben« zuschieben, dann versinkt der Einzelne in der Anonymität, und das Handeln wird im Wortsinn »verantwortungslos«.

Wir haben also die Angstdämonen, wir haben die Gewaltdämonen, wir haben die Anonymitätsdämonen. Man bekämpft sie indessen nicht dadurch, dass man nun das Schwert zieht und gewaltige Feldzüge gegen sie unternimmt. Denn diese dämonischen Wesen gewinnen gerade dann an Kraft, wenn man sie bekämpft. Die wirksame Strategie kann man an mittelalterlichen Bildern ablesen, die den Kampf des Erzengels Michael gegen den Drachen darstellen. Auf sehr vielen dieser Darstellungen kann man sehen, daß Michael zwar den Speer, nicht aber den Blick auf den Drachen richtet; der Blick geht anderswo hin. Das Bewusstsein geht in eine Richtung, wo aufbauende Dinge sind. Entsprechend können wir sagen: Wir müssen den Dämonen die Nahrung, die Aufmerksamkeit entziehen, beispielsweise gerade nicht hinhören auf die umherschwirrenden Gerüchte, die vagen Vermutungen, die Zukunftsgigantomanien. Das Entscheidende ist, dass wir überall, wo wir die Möglichkeit haben, aktiv zu sein, diese Möglichkeit auch nutzen.

Durch diese Verstärkung der wenn auch noch so kleinen Stärken tritt das Merkwürdige ein, dass der Mensch mit all den Ängsten und Schrecken, die ihn in den Zeitverhältnissen, aber auch in seiner Biographie zu überwältigen drohen, fertig werden und das Gefühl der Ohnmacht verwandeln kann. Natürlich fühlen wir uns sehr oft überfordert. Aber wenn wir unsere Kräfte ins Überpersönliche lenken, wenn wir – wie es angedeutet wurde – den Lehrer suchen und ihm das, was wir können, anbieten, wird die Überforderung keine Überforderung mehr sein. Denn dann geschehen Dinge, die sonst nicht geschehen würden. Wer weiß, warum 1989 dieses Wunder des »Mauerfalls« geschah? Wer hat das bewirkt? Waren das nur Menschen? Die Menschen waren für eine kurze Zeit wie über sich hinausgehoben. Das ist längst vorbei, aber es war einmal. Auch in diesen Ereignissen tat sich die Nähe zu den Wesen kund, von denen wir gesprochen haben.

Die menschlichen Kräfte, die noch so schwach sind, können verstärkt werden, können wachsen. Das ist der Punkt, wo wir in unserer apokalyptischen Zeit die Zukunft sehen. Die Gegenwart ist ganz gewiss eine ernste Zeit der Entscheidung, sie muss es sein, damit wir wach werden. Das Hereinbrechen der übersinnlichen Welt, wie es heute von immer mehr Menschen erfahren wird, hat eben den Sinn, uns darauf aufmerksam zu machen, dass es geistige Lehrer gibt, zu denen wir als mündige Menschen, nicht als unmündige, eine Beziehung suchen können. Indem wir sie suchen und ihnen das entgegentragen, was wir in uns als seelische Aktivität ausbilden, gewinnen wir die Kräfte, mit denen wir eine menschenwürdige Zukunft gestalten können.

Günther Dellbrügger

»Wisst ihr nicht, dass sich an uns das Schicksal von Engeln entscheiden wird?«

Die Verantwortung des Menschen gegenüber den Hierarchien

Die Engel, in der neueren Zeit mehr und mehr aus unserem Erleben und Denken verbannt, kehren zurück. Die Zeit, in der das Bewusstsein von einer über und mit den Menschen wirkenden Engelwelt wie ausgelöscht war, ist offenbar vorüber. In sehr vielen Büchern ist auch von gegenwärtigen Engelerfahrungen die Rede, die sicherlich von sehr verschiedener Qualität und Glaubhaftigkeit sind.[1] Dennoch können die berichteten Erlebnisse nicht von vornherein insgesamt als Phantasieprodukte abgetan werden. So scheinen mindestens teilweise authentische Erfahrungen vorzuliegen. Demgegenüber haben es oftmals gerade die Theologen schwer, solche religiösen Erfahrungen ernst zu nehmen. Die Engellehre des Dionysios Areopagita z.B., im Mittelalter einer der meistgelesensten Autoren, hat für die moderne, kritische Theologie kaum noch Anspruch auf geistige Wahrheit.

Oft handelt es sich bei den heute im Vordergrund stehenden »Engelerlebnissen« um Situationen, in denen plötzlich auf unerklärliche Weise und in auswegloser Situation Hilfe kommt. In einer solchen Rettung wurde für manche Menschen die Berührung mit einer höheren Welt unmittelbare Erfahrung, die in der Seele dankbare Gefühle auslöste angesichts höherer Geborgenheit und Führung. An dieser Stelle zeigte und zeigt sich aber auch ein grundsätzliches Problem: Die so entstandene Dankbarkeit und religiöse Stimmung sind nur von Dauer, wenn sie vom Einzelnen aktiv ergriffen und bewusst lebendig gehalten werden.

Aufgrund solcher Erfahrungen erscheint es aber heute möglich und an der Zeit, noch einen weiteren, ganz anderen Aspekt in der Beziehung zwischen Menschen und Engeln zu entdecken und zu bedenken. Wir können diesen bisher weithin unbeachteten Aspekt zunächst als Frage formulieren:

Haben wir als Menschen auch eine Verantwortung gegenüber den Engeln, den Wesen der höheren Hierarchien? Das klingt (für manche Ohren) zunächst vielleicht vermessen. Denn die Engel – wenn man sie als wirklich anerkennt – sind doch Wesen, die höher und weiter entwickelt sind als wir, die so hochstehend sind, dass sie ihr Wesen und ihre Kraft in den Schutz des ihnen verbundenen Menschen stellen. Deshalb nennen wir sie ja unsere »Schutzengel«. So mag die Frage, ob auch wir Verantwortung für die Engelreiche haben, ganz unangebracht erscheinen. Bei genauerem Nachforschen erweist sich der in dieser Frage enthaltene Gedanke aber als sehr alt: Wir finden ihn bereits in den Briefen des Paulus im ersten christlichen Jahrhundert, d.h. in den frühesten Dokumenten des Christentums innerhalb des Neuen Testamentes!

Der Zusammenhang ist folgender: Im ersten Brief an die Gemeinde in Korinth muss Paulus sich mit moralischen Abirrungen und Streitigkeiten innerhalb der Gemeinde auseinandersetzen. Um den Blick der zur Gemeinde Gehörenden zu weiten und ihre Situation aus höherer Perspektive anzuschauen, weckt er ihr kosmisches Gewissen und ruft ihnen mahnend zu:

> *Wisst ihr nicht, dass sich an uns sogar*
> *das Schicksal von Engeln entscheiden wird?*
> *(1Kor 6,3)*[2]

Ein heiliger Schrecken kann uns bei diesen Worten ergreifen, denn wer könnte von sich sagen, dass er dies, was Paulus da ausspricht, so weiß, dass es in seinem Inneren immer lebendig wäre und im Leben ständig beherzigt würde?

Die Behauptung, dass die Engel in gewisser Weise auch auf uns Menschen angewiesen sind, klingt zunächst unglaublich und stellt unser gesamtes religiöses Weltbild auf den Kopf. Wird damit unser bisheriges Engelbild hinfällig? Oder wird es um eine entscheidende, den freien Menschen in seiner Verantwortung ernst nehmende Dimension erweitert? Tatsache ist jedenfalls, dass sich diese überraschende, zunächst sehr erstaunlich klingende Aussage in einem der Paulusbriefe findet, die zum allgemein anerkannten Kanon des Neuen Testamentes gehören.

Geht man eine Weile mit diesem Gedanken um, verwandelt sich unsere Überraschung vielleicht in eine zweifelnde Frage: Ist das wirklich so, wie Paulus es mit großer Überzeugung verkündet? Dürfen wir so groß vom Menschen denken? Oder hat Paulus sich da zu einer Behauptung verstiegen, die möglicherweise einer reellen Grundlage entbehrt? Ist nicht das

Umgekehrte viel einleuchtender, nämlich dass unser Schicksal davon abhängt, ob und wie wir im Einklang mit den höheren Engelreichen zu leben und zu handeln lernen? Und wie weit sind wir davon entfernt! Wie soll der selber heils- und erlösungsbedürftige Mensch etwas zur Erlösung höherer Wesen beitragen? Ist er da – wenn man diesen Gedanken überhaupt ernst nehmen will – nicht hoffnungslos überfordert? Je mehr ausschließlich auf die Unvollkommenheit des Menschen gesehen wird, desto unverständlicher wird Paulus' Ausruf.

Was sagt die traditionelle Theologie zu einer solchen Äußerung? Wie wird diese Stelle sonst übersetzt? In der neuen evangelisch-katholischen Einheitsübersetzung heißt es: »Wisst ihr nicht, dass wir über Engel richten werden?« Und als Erklärung wird hinzugefügt: »Das göttliche Richteramt wird Jesus Christus übertragen, er ist jetzt der höchste Richter der Welt. An seinem Richteramt erhalten die Menschen Anteil.«

Ist diese Erklärung befriedigend? Bedarf es nicht wiederum einer Erklärung, warum Christus nicht allein sein Richteramt ausübt? Außerdem erscheint nach wie vor sehr erstaunlich, dass die Menschen hier mit Christus als über die Engel richtend auftreten. Die gewöhnliche Vorstellung ist doch nicht, dass wir richten, sondern dass wir gerichtet werden im »jüngsten Gericht«. Was kann damit gemeint sein, dass wir Menschen selber als Richter auftreten? Schließlich erscheint fraglich, ob an ein juristisch gedachtes »Richten« hier überhaupt zu denken ist.

Schicksal der Engel

Versuchen wir, Paulus tiefer zu verstehen. Dabei wollen wir hypothetisch die Wahrheit seiner Aussage annehmen und der schon zitierten Übersetzung Emil Bocks folgen:

Wisst ihr nicht, dass sich an uns sogar
das Schicksal von Engeln entscheiden wird?

Versucht man eine solche Aussage zu verstehen, entstehen sofort Fragen, wie wir sie schon andeuteten: Sind nicht die Engel höher und weiter entwickelt als die Menschen? Sind sie nicht unsere Lehrer, uns weit voraus? Wie soll das gemeint sein, dass das Leben der Menschen, die unter den Engeln stehen, für diese entscheidende Bedeutung haben könnte?

Und eine weitere Frage drängt sich auf: Haben Engel überhaupt so etwas wie Schicksal? Gibt es demnach nicht nur eine Menschen-, sondern auch so etwas wie eine Engel-Geschichte? Dieser letzten Frage wollen wir uns zunächst zuwenden und die Bibel daraufhin befragen: Gibt es im Alten bzw. Neuen Testament Hinweise auf ein Schicksal, auf eine Geschichte der Engel?

Gleich zu Beginn des Alten Testamentes finden wir einen schwierig zu verstehenden Text, der auf diese Frage hindeutet. Noch vor der Schilderung der Sintflut, ja diese mit verursachend, heißt es: »Als sich die Menschen über die Erde hin zu vermehren begannen und ihnen Töchter geboren wurden, sahen die Gottessöhne, wie schön die Menschentöchter waren, und sie nahmen sich von ihnen Frauen, wie es ihnen gefiel« (1Mo 6, 1-2). Das spätere Judentum und die frühen Kirchenväter haben in den hier genannten »Gottessöhnen« gefallene Engel gesehen.

Parallel dazu kennen wir aus der Offenbarung des Johannes die Schilderung, wie Michael und seine Engel nicht nur gegen den Drachen, sondern auch gegen dessen Engel kämpfen: »Da entbrannte im Himmel ein Kampf; Michael und seine Engel erhoben sich, um mit dem Drachen zu kämpfen. Der Drache und seine Engel kämpften ...« (Offb 12,7). Ein zweites Mal ist etwas später von den Engeln des Drachen die Rede, als dieser von Michael besiegt und auf die Erde gestürzt wird: »... der Drache wurde auf die Erde gestürzt und mit ihm wurden seine Engel hinabgeworfen« (Offb 12,9). An diesen beiden Schilderungen ist erstaunlich, dass Engel, von denen wir doch zunächst anzunehmen geneigt sind, dass sie ganz dem Bereich des Göttlichen und Guten angehören, auf der Seite des Bösen erscheinen. Am stärksten ist dies von Paulus beschrieben im Brief an die Epheser. Im sechsten Kapitel spricht er nicht nur von abgefallenen Engeln, sondern von noch höheren geistigen Wesen, die sich aktiv in den Dienst des Bösen gestellt haben und eine Art Gegenhierarchie bilden:

Was uns obliegt, ist nicht ein Kampf gegen irdi-
sche Mächte von Fleisch und Blut, sondern
gegen Geistwesen, mächtig im Zeitenstrom,
gegen Geistwesen, gewaltig in der Erdenstoff-
*   gestaltung,*
gegen die weltbeherrschenden Mächte der Finsternis
*   dieses Äons,*
gegen Wesen, die in den Geisteswelten die Macht
*   des Bösen selber sind.*

(Eph 6,12)

Waren auch diese Wesen ursprünglich auf der Seite des Guten? Was ist mit ihnen passiert? Was ist das weitere Schicksal dieser gefallenen Engel? Auf der Erde, d.h. im Bereich der Menschheit geht ihre Existenz weiter. Haben wir dabei eine Aufgabe?

Von einem drohenden Strafgericht für die abgeirrten Engel spricht der Brief des Judas im Neuen Testament (dieser Judas ist nicht der Jünger, der Christus verriet, sondern vermutlich – wie Jakobus – ein Bruder Jesu): Der Herr habe die Engel, die den Zusammenhang mit ihrem Urbeginn nicht bewahrten und sogar die ihnen zuerteilten Wirkensbereiche im Stich ließen, in ewigen Fesseln dem Bann der Finsternis unterstellt bis zur Entscheidung des großen Tagesanbruches (Jud 6); Petrus greift dies später fast wörtlich auf: »Gott hat auch die abgeirrten Engelwesen nicht geschont, sondern in Ketten in die finstere Tiefe des Tartarus gestürzt, wo sie der großen Entscheidung entgegenharren« (2Petr 2,4). Diese Worte waren damals – am Ende des ersten Jahrhunderts – als Warnung an wirkliche oder vermeintliche Irrlehrer gerichtet, etwa in dem Sinne: Wie den gefallenen Engeln, so wird es auch euch im Strafgericht des Jüngsten Tages ergehen! Die Vorstellung von einem Schicksal (mindestens eines Teiles) der Engel scheint also damals durchaus geläufig gewesen zu sein.

Fassen wir das Bisherige zusammen: Die Bibel spricht von Geschehnissen, die wir beschreiben können als eine Art »Engel-Geschichte«. Dazu gehört erstens, dass bestimmte hierarchische Wesen den Zusammenhang mit dem göttlichen Urprinzip nicht bewahrten, ihren Aufgaben untreu wurden und die ihnen zugewiesenen Wirkensbereiche im Ganzen der Welt im Stich ließen. Sie wurden ausgestoßen aus den Himmeln, und zwar auf die Erde (Offb 12,9) bzw. in die Finsternis der Unterwelt (Jud 6; 2Petr 2,4). Judas und Petrus sprechen davon, dass für diese Wesen ein göttliches Gericht, eine große Entscheidung bevorstehe.

Noch etwas ist aber zu bedenken. Ein weiteres Haupt-Ereignis innerhalb der Engelwelt betrifft nicht nur die abgeirrten, sondern alle Wesen dieses Bereiches. Es ist dies ein einschneidendes Ereignis für die Engel-Geschichte: der Weggang des Sohnesgottes aus dem Bereich der alles umfassenden göttlichen Trinität, sein Abstieg in die Erdenwelt, seine Inkarnation als irdischer Mensch. Was für uns Menschen der ewige Grund von Heil und Rettung ist – dass Gott zu uns herabgekommen ist –, bedeutet zugleich, dass die hierarchischen Wesen ihn aus ihrer Mitte haben fortgehen sehen, bedeutet, dass er sie verlassen hat.

Von diesem Abstieg des Sohnes durch die Reiche

der Engel spricht Paulus im Philipperbrief. Wie ein Hymnus klingt es, wenn Paulus sein Bewusstsein erhebt zum Miterleben des gnadevollen Niedersteigens des Gottessohnes zu den Menschen, dabei seine Göttlichkeit zurücklassend und opfernd:

> *Euch beseele die gleiche Gesinnung, die auch den*
> *Christus Jesus selbst beseelt hat. Denn obgleich er*
> *göttlicher Natur und Gestalt war, dachte er nicht*
> *daran, die Gottgestalt für sich festzuhalten. Viel-*
> *mehr machte er sich leer und opferte sich ganz hin*
> *und nahm die Gestalt eines dienenden Wesens an.*
> *In menschlicher Gestalt verkörperte er sich, und*
> *als ein Mensch zeigte er sich in seinem ganzen*
> *Leben. In demütiger Selbstentäußerung beugte*
> *er sich unter das irdische Seinsgesetz, indem er*
> *schließlich auch den Tod auf sich nahm, den Tod*
> *am Kreuz. Darum hat ihn der Vatergott auch zu*
> *den höchsten Höhen erhöht und ihm den Namen*
> *gegeben, der höher als alle anderen Namen ist. In*
> *dem Jesus-Namen sollen sich beugen die Knie aller*
> *Wesen, sowohl in den Himmeln als auf Erden und*
> *in den Daseinstiefen. Und damit der väterliche*
> *Urgrund alles Seins offenbar werde, soll von allen*
> *Lippen das Bekenntnis ertönen:*
> *Jesus Christus, der Herr!*
>
> *(Phil 2,5–11)*

Dasselbe schildert mit majestätischen Worten der Brief an die Hebräer, den Sohn Gottes als Urbild allen Priestertums erkennend, der die Himmel Sphäre nach Sphäre in seinem Abstieg zur Erde durchschritten hat:

Da wir nun also einen großen Hohenpriester
haben, der alle Himmel, Sphäre nach Sphäre
durchschritten hat, Jesus, den Sohn Gottes,
so lasst uns mit aller Kraft Bekenner sein.
(Hebr 4,14 u. 15)

Im Fortgang dieses Briefes wird geschildert, welch unermessliches Opfer Christus ein für alle Mal dargebracht hat zur Rettung der Welt. Denn »er verhielt sich so, obwohl er der Sohn war« (Hebr. 5,8).

Versuchen wir nun auf Grundlage dieser Aussagen, uns in das Bewusstsein der Engel und in ihr Erleben hineinzuversetzen. Ihr Erleben ist unserem menschlichen Erleben genau entgegengesetzt: Was für uns Menschen Ankunft des Gottessohnes auf der Erde ist, bedeutet für die Engel seinen Weggang aus dem Bereich der Himmel – etwa so, wie ein Sonnenaufgang bei uns auf der anderen Seite der Erde als Sonnenuntergang, als Verschwinden der Sonne erlebt wird.

Noch etwas kommt aber hinzu: Der Sonnenaufgang Christi in der Menschheit, seine Überwindung des Todes durch die Tat von Golgatha ist nicht vorübergehend, sondern hat bleibende Wirkung: »Ich bin bei euch alle Tage der Erdenwelt« (Mt 28, 20). Etwas seit der Ur-Schöpfung Unerhörtes und Neues hat sich auf der Erde ereignet und mit ihr dauerhaft vereinigt. Eine Ahnung von dieser Tatsache lebt offenbar auch im Bewusstsein der Engel. Petrus deutet dies in dem Brief an, den er an die heimatlosen Seelen richtet, die zerstreut sind über die verschiedenen Länder Kleinasiens (vgl. 1Petr 1):

Er will sie aufmerksam machen und ihre Herzen öffnen für die Christusbotschaft, für die Botschaft des Evangeliums, die ihnen von den Aposteln verkündet wird. Denn »sie wirken unter euch in der Kraft des aus den Himmeln herniedergesandten heiligen Geistes« (1Petr 1,12). Dann fügt er etwas Erstaunliches hinzu, das für unseren Zusammenhang wichtig ist. Auf das Bewusstsein der Engel blickend, das ihm offenbar zugänglich war, fährt er fort:

> *Sogar die Engel gelüstet es, zu erfahren, was euch so verkündet wird.*
>
> *(ebd.)*

Ein erstaunlicher Satz! Die Engel, die doch ein umfassendes Bewusstsein haben, aus dem heraus sie die Schicksale der mit ihnen verbundenen Menschen begleiten und leiten, haben den Wunsch, die Botschaft des Evangeliums, die Botschaft von Christi Tat auf Erden zu hören! Bringen wir dies mit den Schilderungen des Erdenabstiegs Christi zusammen, dessen Zeuge die Engel waren, so dürfen wir uns die Vorstellung bilden: Die Engel haben den Wunsch zu hören, was sich ereignet hat nach dem Abschied des Gottessohnes aus ihrer Mitte, und zu hören, was durch ihn auf Erden geschah. Da erhebt sich die Frage: Wissen die Engel das nicht? Ist das Physische der Erde den Engeln verborgen?

Betrachten wir den zuletzt genannten Satz des Petrus genauer, um das Bewusstsein der Engel nach dem Ereignis von Golgatha wenn möglich von innen heraus zu verstehen. Dazu befragen wir zunächst andere Übersetzungen dieser Stelle, da jede Übersetzung nur einen bestimmten Aspekt des Ganzen zur Erscheinung bringen kann. Statt »erfahren« übersetzt Luther »schauen«: »… was auch die Engel gelüstet zu schauen«. In der neuen Einheitsübersetzung heißt es: »Das alles zu sehen ist sogar das Verlangen der Engel.« (Ähnlich die meisten anderen Übersetzungen.)

Das Wort, das so verschieden übersetzt wird – Bock übersetzt: »erfahren«, Luther: »schauen«, in der Einheitsübersetzung heißt es: »sehen« – ist im Griechischen »parakypsai«. Dies bedeutet wörtlich »sich bücken, vornübergebeugt nach etwas schauen, hinschauen, hineinschauen«. Wenn wir dies auf den in Frage stehenden Satz anwenden, wird die Schilderung des Petrus sehr anschaulich: Es gelüstet die Engel, sie haben Verlangen, sich zur Erde hin zu beugen, sich zur Erde zu neigen, um dort etwas zu erfahren, zu schauen, zu sehen. Dabei beugen sie sich vornüber zu uns Menschen und zur Erdenwelt.

Es ist aufschlussreich, einen kurzen Blick auf weitere Stellen des Neuen Testamentes zu werfen, wo dasselbe Wort »parakypsai« vorkommt. Es begegnet uns im Zusammenhang mit Ostern: Am Ostermorgen wenden sich die Frauen aufgelöst an Petrus und Johannes: Man habe den Herrn aus dem Grabe geholt und fortgeschafft. Die beiden Jünger laufen zum Grab, Johannes läuft an Petrus vorbei, hält dann aber vor dem Grab inne. Und nun heißt es: »Er beugte sich vor (parakypsas) und sah die Leichentücher liegen, aber er ging nicht hinein« (Joh 20,5). Erst hinter Petrus, der sogleich in das Grab geht, ging auch er hinein, »sah und glaubte« (Joh 20,8). Man spürt in dem Vorbeugen des Johannes das intensive Interesse, die Spannung, aber auch eine instinktive Zurückhaltung und Scheu vor der Größe des geahnten Geschehens und des Augenblicks. Dies hält ihn zunächst noch davor zurück, in das Innere des Grabes einzutreten. Dann erst tritt er über die Schwelle, sieht und erfährt Ostern.

Bei Maria Magdalena begegnet uns das gleiche Sicherwartungsvoll-gespannt-Vornüberbeugen, mit dem nach Petrus auch die Engel auf uns Menschen schauen. Das Johannes-Evangelium schildert, wie Maria Magdalena draußen vor dem leeren Grabe steht und weint. Und indem sie noch weint, beugt sie sich vor in das Grab (parekypsen), und ihre im Weinen sehend gewordenen Augen schauen zwei Engel in leuchtend weißen Gewändern, einen an der Kopfseite, einen zu Füßen der Stelle, wo sie Jesu Leib hingelegt hatten. Jetzt eröffnen sich ihr nach und nach innere Erfahrungsbereiche bis hin zum Schauen, Erkennen und Hören des Auferstandenen (Joh 20,12-17).

Was hat sich uns aus diesen Betrachtungen ergeben? Wir haben gesehen, dass das griechische Wort »parakypsai« im Johannes-Evangelium an ganz besonderer Stelle auftaucht: Johannes und Maria Magdalena stehen am leeren Grab vor dem Christusgeheimnis. Um dieses Geheimnis zu verstehen, zu schauen, zu sehen, beugen sie sich vor. Sie wollen so dem Geheimnis des Christus näherkommen, den Sinn seines Todes verstehen.

Kehren wir nun zu den Engeln zurück. Auch sie – nach Aussage des Petrus – beugen sich vor, schauen vorgebeugt zu den Menschen herunter. Sie suchen zu erfahren, was die Apostel als die Botschaft verkündigen, die Botschaft von dem Sohn Gottes, der Mensch wurde, den Tod überwand und seither lebt mit der Menschheit und der Erde. Indem sich die Engel zur Erde, zur Menschheit niederbeugen, suchen sie offenbar den, der durch den Tod gegangen ist, den gegenwärtigen Christus. Wo kann er gefunden werden?

Die Vorstellung über die Engel, die sich noch am längsten in unserer abendländischen Kultur gehalten hat, ist die Vorstellung vom Schutzengel, wenn auch nicht immer in angemessen erscheinender Form. Nimmt man diesen Gedanken ernst, ist auch von daher das allertiefste Interesse der Engel an den Menschenschicksalen gegeben: Jedem Menschen hat sich ein Engel zugesellt, um ihn zu begleiten durch all seine Erdenschicksale hindurch. Das Freiheitsdrama des Menschen erscheint vor dem inneren Auge der Engel: Was wird aus Freud und Leid, aus Not und Schuld der menschlichen Schicksale werden? Und was geschieht nun, wenn Christus sich unter die Menschen begibt, »Herr des Schicksals« der Menschen wird? Werden sie ihn bemerken? Werden sie ihn suchen und aufnehmen? Und vor allem: Wie ist das, wenn ein höchstes geistiges Wesen, der Gottessohn die Erfahrung des Todes macht, eine Erfahrung, die nicht im Himmel, sondern nur auf der Erde gemacht werden kann? Wird er als Mensch den Tod, den »Fürsten dieser Welt«, überwinden, können?

Menschheit und Erde
als Himmel der Engel

Durch die Opfertat von Golgatha hat sich Christus mit Erde und Menschheit vereinigt. Auch durch seine Auferstehung und Himmelfahrt ist er nicht einfach in das rein Geistige »zurückgekehrt«. Denn wie ein Vermächtnis an uns Menschen klingen seine Worte »Ich bin bei euch alle Tage bis zum Ende der Erdenwelt«. Wenn die Engel ihn bei den Menschen suchen, so heißt das doch, dass sie ihn trotz seiner Himmelfahrt nicht wieder so wahrnehmen können wie vor seiner Inkarnation. Das Erdenleben Christi war mehr als ein »irdisches Intermezzo«. Durch sein Leiden, durch Tod und Todüberwindung hat Christus sich dauerhaft mit der Menschheit und der Erde verbunden. Deshalb suchen die Engel ihn bei den Menschen als den Todüberwinder. Wo im Bereich der Menschen können sie ihn finden? Wir können uns das durch ein Bild verdeutlichen.

Eines der schönsten und tiefsten Erlebnisse auf Erden ist ein klarer Sternenhimmel über uns, z.B. im Gebirge, wo wir uns dem Ewigen näher fühlen. Immanuel Kant hat dies in den bekannten Worten zum Ausdruck gebracht:

*Zwei Dinge erfüllen das Gemüt mit immer neuer
und zunehmender Bewunderung und Ehrfurcht, je
öfter und anhaltender sich das Nachdenken damit
beschäftigt: Der bestirnte Himmel über mir und
das moralische Gesetz in mir.*

(Kritik der praktischen Vernunft, Beschluss)

Haben diese beiden Bereiche etwas miteinander zu
tun, das menschliche Innere und der Sternenhimmel?
Bleiben wir zunächst noch beim Anblick der Sterne,
die in den Menschen immer wieder Bewunderung
und staunend-ehrfürchtige Stimmung hervorgerufen
haben. (So sprach Platon z.B. davon, dass die Sterne
wie eine glänzende Stickerei über den Himmel ausge-
breitet seien.)

In einer nordischen Legende über die Entstehung
der Sterne heißt es, einst sei Gottvater durch den
Himmel gewandelt und überall, wo er sich auf seinen
Stock abstützte, sei durch die Spitze des Stockes eine
kleine Öffnung im Himmelsboden entstanden, und
jeder Stern sei in Wahrheit das Hereinleuchten des
Himmelslichtes in die dunkle Erdenwelt.[3]

Gibt es für die Engel auch einen Himmel? Gibt es
für sie auch einen unserem Sternenhimmel vergleich-
baren Anblick? Der Himmel, auf den die Engel schau-
en, ist unter ihnen, ist die Menschenwelt; und in der
Menschenwelt leuchten wie Sterne die Menschenherzen auf, in denen Christus lebendig und tätig-
schaffend ist. So spornt Paulus die Christen in Philip-
pi an: »Ihr sollt leuchten unter den Menschen wie die
lichten Sterne im Weltall« (Phil 2,15).

Dass dies nicht nur ein schönes Bild, sondern okkulte Wahrheit ist, wird von Rudolf Steiner bestätigt, der den Weggang des Christus aus dem Reich der Hierarchien und sein Wiederaufglänzen in den Herzen der Menschen so beschreibt:

Die Menschen sagen: Der Christus ist in uns eingezogen, und wir können uns entwickeln so, dass der Christus in uns leben wird – »Nicht ich, sondern der Christus in mir.« Die Angeloi aber sagen: Aus unserem Inneren ist der Christus für unsere Sphäre weggegangen, und er glänzt uns herauf wie so und so viele Sterne in dem Christ-Gedanken der einzelnen Menschen; da erkennen wir ihn wieder, da ist er aufgestrahlt seit dem Mysterium von Golgatha.[4]

Menschheit und Erdenwelt sind der Himmel der Engel. Für den Blick der Engel leuchtet Christus in den Herzen der Menschen vielfältig auf wie Sterne! Da erkennen und finden sie ihn wieder.

Auch für die Menschenseelen nach dem Tode spricht Rudolf Steiner von einem ähnlichen Erleben. Zwar verlassen sie die irdische Welt, aber aus der Geisteswelt blicken sie innerlich auf die Erde, auf die mit ihnen verbundenen Menschen:

Was dem Menschen zwischen Geburt und Tod, also dem Menschen im physischen Leibe vorschwebt, wenn er von dem Himmel spricht, das schwebt dem Toten, der zwischen dem Tode und einer neuen Geburt steht, dem im Geiste und in

*der Seele lebenden Menschen, so vor, dass er in
demselben Sinne von der Erde spricht. Den im
Himmel lebenden Menschen, denen ist ... das
Wertvolle, auf das sie blicken, die Erde. Die reden
von der Erde so, wie wir von dem Himmel reden.
Es ist das Land ihrer Sehnsucht ...*[5]

Was bedeutet das für unser Menschsein?

Dass die Art unseres Menschseins Bedeutung haben
könnte für die göttliche Welt über uns, ist gewöhnlich
gar nicht in unserem Bewusstsein. Unser Bewusstsein
ist zu allermeist auf das gerichtet, was unter uns ist.
Das gilt bis hin zur Grundanschauung, was der
Mensch seinem Wesen nach ist. Statt einer Beziehung
zu den Engeln steht uns die Beziehung des Menschen
zum Tierreich in einseitiger Weise vor Augen. Die An-
sicht, dass der Mensch vom Tier abstamme, also letzt-
lich ein – wenn auch intelligentes und weiterentwi-
ckeltes – Tier sei, ist mehr als ein bloßer Gedanke.[6]
Dieser Gedanke hat begonnen eine eigene Wirklichkeit zu schaffen, die die Menschenwelt rapide verändert hat und das Menschliche zum Verschwinden zu
bringen droht. Eine zunächst wissenschaftlich-abs-
trakte Theorie ist inzwischen ein belastendes Gefühl
geworden: Anlage und Umwelt bestimmen den Menschen. Dieses Gefühl lastet auf seiner Seele wie ein
schwerer Stein. Was ist das Dasein des Menschen dann
noch wert? Die zum Gefühl gewordene Vererbungs-
theorie lässt das gesamte menschliche Dasein als de-
terminiert und wertlos erscheinen. Dem Menschen
wird das Ich abgesprochen. Eine schleichende Verdun-

kelung hat die Seelen mehr und mehr ergriffen. Aus der verfinsterten Erdenwelt aber strahlt nichts mehr auf zu den Engeln. Die Erde als Himmel der Engel bleibt weitgehend dunkel.

Es fällt uns heute schwer zu glauben, dass wir Menschen für die göttliche Welt und ihre Wesen wirkliche Bedeutung haben. Wir müssen uns einen Ruck geben, um eine Aussage wie die folgende wirklich ernst und tief zu nehmen:

> *… und derjenige, der wirklich die geistige Welt kennt, der weiß, wie es nur eine Erlösung für die Angeloi gibt, … und das ist das, dass die Menschen unten auf der Erde in ihren physischen Leibern mit dem Christus-Gedanken leben und der Christus-Gedanke zu den Angeloi wie ein Licht heraufstrahlt, seit dem Mysterium von Golgatha wie ein Licht hinaufstrahlt zu den Angeloi.*[7]

Zwischen welchen Polaritäten bewegt sich unser Menschsein, wenn man es so betrachtet! Auf der einen Seite die immer realer werdende Möglichkeit, dass der Mensch sein Ich und damit sein Menschsein verleugnet und zur Tierheit, ja unter die in ihrer Art vollkommene Tierwelt heruntersinkt. Auf der anderen Seite in äußerstem Gegensatz dazu z.B. die ganz unbegreiflich klingenden Worte Christi: »Ihr seid Götter!« (Joh 10,34) und der Gedanke, dass sich daran, wie die Menschen sich zu Christus verhalten, auch Entscheidendes für die Engel ereignen wird.

Wie soll man das zusammenbringen: unsere heutige Realität auf der Erde unter und in den Menschen und das hohe Bild, das die göttliche Welt, das Christus selber von uns hat, wenn er sagt: »Wer an mich glaubt, wird die Werke, die ich vollbringe, auch vollbringen, und er wird noch größere vollbringen, denn ich gehe zum Vater« (Joh 14,12)? »Ihr sollt also vollkommen sein, wie es auch euer himmlischer Vater ist« (Mt 5,48).

Der Mensch
als existierender Widerspruch

Blickt man auf diese Gegensätze, die mit dem Menschsein verbunden sind, muss man sagen: der Mensch ist ein existierender Widerspruch. Er muss sich selbst finden im Spannungsfeld seiner Freiheit, inmitten verschiedenster Möglichkeiten und Verführungen. Im Lukas-Evangelium finden wir ein Gleichnis, das uns als Bild für die Menschheitsentwicklung zunächst viel angemessener erscheinen kann als die Gedanken des Paulus über die Erlösung der Engel durch den Menschen. Im Gleichnis vom verlorenen Sohn können wir uns leicht wiedererkennen: Wir haben aus der göttlichen Welt unser Teil empfangen, an uns genommen und gehen damit nach unserem Gutdünken um. Vielleicht ist uns noch gar nicht bewusst, dass wir bald all unseren mitgegebenen Reichtum, die göttliche Mitgift verbraucht haben, obwohl der Zustand der Erde und der Menschheit dies deutlich offenbar machen. Und dürfen wir denn mehr hoffen, als dass wir als Menschheit »glücklich heimkommen«, von der göttlichen Welt in Gnade wieder aufgenommen werden? Sind alle Ziele darüber hinaus nicht grenzenloser Hochmut? Ja ist überhaupt abzusehen, ob die Menschheit aus freier Selbsterkenntnis die Gottheit wieder suchen wird, ob sie ihre Not überhaupt als Not empfinden wird? Alles dies scheint offen

– so offen wie das rätselhafte Wesen »Mensch« selbst.
Hans Arp (1887–1966) hat seine Gedanken darüber,
was der Mensch ist, in einem Gedicht einmal so formuliert:

> *Der Mensch ist ein Flötenbläser.*
> *Der Mensch ist ein Leierspieler.*
> *Der Mensch ist ein Tempelbauer.*
> *Der Mensch ist aber auch ein mordgeiler*
>   *Schwerterschmied.*
> *Mit welch elementarer Geschäftstüchtigkeit sind in*
> *den Gesängen des Homer die Ergebnisse der*
> *Schlächtereien aufgezählt.*
> *Der Mensch ist eine schönheitstrunkene Spinne.*
> *Der Mensch ist ein reißender Wolf, der kuckuck*
> *ruft.*
> *Der Mensch ist ein Bogenschütze, der Fingerhüte*
> *erlegt, ein hoffnungslos vernagelter Mörder, ein*
> *Atompilzzüchter mit Großvaterkäppchen auf dem*
> *Kopf, der alles bisher Erreichte mitsamt seinem*
> *Erreichten in den endgültigen Schatten stellen*
> *wird [...]*
> *Das Unsinnige, das Ungeheure, das Tobsüchtige*
> *ist das Ziel seines Strebens. Der Mensch findet es*
> *natürlich, das Unnatürliche zu begehren. Weil er*
> *keine Flügel hat, will er Flügel haben und fliegen.*
> *Die Flügel haben es ihm besonders angetan. Er*
> *fühlt sich gottähnlich, wenn er mit einem Kübel*
> *Benzin unter seinem Hintern in den Himmel saust.*
> *Der Mensch ist aber auch eine beseelte Knospe.*
> *Der Mensch ist aber auch ein Dichter.*
> *Der Mensch ist aber auch ein Heiliger,*
> *ein regenbogenfarbener Engel.*[8]

Würde Arp heute sein Gedicht schreiben, ließe sich das Thema unschwer aktualisieren: »Der Mensch ist ein klonender Pseudoschöpfer und zugleich ein in Haft Gesetzter, dem niemand seine Menschenwürde rauben kann ...« Und das alles ist nicht auf einzelne Menschen irgendwo draußen in der Welt verteilt, sondern im Keim in jeder Menschenseele verborgen anwesend. Dies wahrzunehmen und anzuerkennen macht uns erst wach für die innere Kampfsituation, in der die Seele innerlich steht, um zu erstarken »im Kampf, den Weltenmächte auf ihrem [der Seele] eignen Grunde mit Menschenkräften führen« (Rudolf Steiner).

Der Philosoph G.W.F. Hegel, zumeist angesehen als Denker, der alle Widersprüche glatt auflöst in einem logischen System, wusste von dieser inneren Seelenlage des Menschen. Eingespannt zwischen zwei Seiten seines Wesens, zwischen göttliche Möglichkeiten des Geistes und bürgerliche Banalität ist der Mensch in seinem Wesen ein Kämpfender:

> *Ich bin die Beziehung dieser beiden Seiten; diese beiden Extreme sind jedes selbst Ich, das Beziehende und das Zusammenhalten. Beziehen ist selbst dies in einem sich Bekämpfende, dies im Kampf sich einende; ... Ich bin der Kampf ... Ich bin beide Kämpfende. Ich bin der Kampf selbst. Ich bin das Feuer und das Wasser, die sich berühren ...*[8a]

In diesem inneren Kampf, der uns erst fähig macht, dann auch für das Gute in der Welt zu kämpfen, sind wir einerseits ganz auf uns allein gestellt. Nur wir selber können diesen Kampf bemerken, anerkennen und austragen. Und doch gibt es andererseits auch Hilfen, die uns zugedacht sind, innere Leitbilder, die uns leiten können in unserem inneren Ringen, zu denen wir aufblicken können wie zu leuchtenden, wegweisenden Sternen auf unserem Menschheitsweg:

Dies sind die göttlichen Namen, die dem Menschen zugesprochen worden sind.

Diesen wollen wir uns nun zuwenden.

Die göttlichen Namen des Menschen

Welches sind diese göttlichen Namen, die uns unsere geistigen Ziele, den Sinn unseres Kämpfens immer neu gewiss werden lassen können? Was soll aus dem Menschen, wie er von Gott konzipiert ist, werden? Was ist der Mensch in seinem Wesen in der Sicht Gottes?

Erinnern wir uns zunächst, wie das Motiv des Namens ganz allgemein im Evangelium auftaucht: Als die ausgesandten 72 Jünger glücklich und erfolgreich von ihrer ersten Mission zurückkehren, belehrt Christus sie zunächst: über ihre Vollmacht über die Dämonen, die sie in seinem Namen erlebten, sollen sie sich nicht freuen. Warum eigentlich nicht? Statt dessen lenkt er ihren Blick in ganz andere Richtung:

> *... frohlocket vielmehr darüber, dass eure Namen in den Geisteswelten eingeschrieben sind.*
>
> *(Lk 10,20)*

Welche Namen sind da gemeint? Zum einen ist wohl zu denken an die Eigennamen der Menschen: indem der einzelne Mensch sich Christus zuwendet, sich ihm verbindet und allmählich auch lernt, ein aus Christus Handelnder zu werden, leuchtet sein wahres, mit Christus verbundenes Wesen in den geistigen Welten auf (daher englisch »christian name«!). Etwas Ähnliches ist wohl auch gemeint, wenn in der Apokalypse von den Namen im Buch des Lebens gesprochen wird:

> *Wer überwindet, soll ... mit weißen Gewändern bekleidet werden, und ich werde seinen Namen nicht auslöschen aus dem Buche des Lebens. Ich will mich zu seinem Namen bekennen ...*
>
> *(Offb 3,5)*

So enthalten die individuellen Namen der Menschen ein inneres Werdeziel, das es zu erfüllen gilt. Der Mensch hat einen Namen, aber zugleich muss er sich auch erst einen Namen machen, das, was in seinem Namen liegt, erfüllen, realisieren. Urbildlich liegt dies z.B. in dem Namen »Christopher«, Christus-Träger. In der Gestalt des Jesus von Nazareth war dieser Name einmal volle Wirklichkeit; für einen heutigen Träger dieses Namens ist es hohes Zukunftsziel, Träger des Christus auf Erden zu werden.

Neben den individuellen Namen gibt es aber auch überindividuelle Namen des Menschen. Wir finden sie im Neuen Testament ausgesprochen in den Sätzen, die ein »Ihr seid ...« oder »Ihr werdet (sollt) sein ...« enthalten.

Die »Ihr seid-Worte« enthüllen die überindividuellen göttlichen Namen des Menschen.

Diese Namen stehen in Verbindung mit Christus selber. Denn zunächst sagt Christus von sich:

> *Ich bin das Licht der Welt. Wer mir nachfolgt, wird nicht im Finstern wandeln, sondern das Licht haben, in welchem das Leben ist.* *(Joh 8,12)*

Doch diese Kraft geht zeugend auf die Menschen über, wenn Christus in der Bergpredigt verkündet:

Ihr seid das Licht der Welt ... So soll euer Licht den Menschen leuchten. Sie sollen das Ausstrahlende eures Wesens sehen und euren Vater in den Himmeln preisen.

(Mt 5,14 u. 16)

So können wir ahnen, welche Kräfte Christus den Jüngern zugesprochen hat, bevor er sie aussandte, in seinem Namen zu verkünden und zu heilen.

Die »Ihr seid-Worte« zeigen auf, was aus der Sicht der Gottheit mit dem Menschen intendiert ist und von ihm erhofft wird. Indem der Christus dies ausspricht, werden die Menschen bewusst einbezogen in die Gedanken Gottes. Was zunächst im Inneren der Gottheit lebte – die Idee der Gottebenbildlichkeit des Menschen –, wird nun von Christus offen ausgesprochen. Denn nur der Mensch selber kann seinen göttlichen Namen verwirklichen. Er muss einbezogen sein in diesen Prozess, sonst wäre er nicht ein freies, schöpferisches Wesen.

Das gewaltigste Wort, das Christus in diesem Sinne zu den Menschen gesprochen hat, ist:

Ihr seid Götter.
(Joh 10,34)

Er greift damit ein Psalmwort auf, das Gottes Gericht vorverkündet; darin fällt zum einen der Blick auf die Schatten der Menschen und ihrer Taten:

Sie sind ohne Einsicht und ohne Verstand,
sie wandeln in Finsternis;
es wanken alle Grundfeste der Erde.

(Ps 82,5)

Dann aber besinnt sich Gott auch des Lichtes, der Glorie, die mit dem eigentlichen Wesen des Menschen verbunden ist, und zitiert sich selbst:

Wohl habe ich selbst gesagt: Götter seid ihr,
ihr alle seid Söhne des Höchsten.

(Ps 82,6)

An dieses Wort knüpft Christus an, die Menschen mahnend und erinnernd, ihren eigentlichen göttlichen Ursprung nicht zu vergessen. Denn mit seinem Ursprung ist auch die Mission des Menschen, sein göttlicher Auftrag verknüpft, Söhne Gottes zu werden, was Paulus einmal im Bezug auf die geschaffene Welt so ausdrückt:

Rings um uns her wartet alle Kreatur mit großer
Sehnsucht darauf, dass in der Menschheit die
Söhne Gottes zu leuchten beginnen.

(Röm 8,19)

Das Alte Testament schildert uns den göttlichen Ursprung des Menschen.[9] Der Mensch in seinem eigentlichen Wesen – das ist wohl allen Religionen gemeinsam – ist aus Gott hervorgegangen. Das Besondere der Aussage der Bibel ist aber, dass nach ihrer Schilderung der Mensch nicht nur Geschöpf Gottes, sondern als Geschöpf zugleich Gottes Ebenbild ist. Denn als Ebenbild Gottes muss der Mensch zugleich als ein schöpferisches Wesen aufgefasst werden. Daran kann uns das Christus-Wort »Ihr seid Götter« erinnern.

Nun sagt der mittelalterliche Mystiker Meister Eckhart (1260–1327) einmal zu Recht: »Wäre ich ein König und wüsste es nicht, so wäre ich kein König.« So musste auch der Mensch einmal eingeweiht werden in die göttlichen Intentionen, die mit seiner Erschaffung verbunden sind. Es mussten ihm einmal die Augen aufgetan werden über die göttlichen Schöpfungsabsichten. Dies wollte die göttliche Welt offenbar zu einem Zeitpunkt tun, zu dem der Mensch reif geworden war, von seinem göttlichen Schöpfertum den rechten Gebrauch zu machen.

Verfrüht finden wir die gleiche Aussage, die Christus später zu den Menschen tat, von der Widersachermacht im Paradies ausgesprochen: Das göttliche Verbot, nicht vom Baum der Erkenntnis zu essen, kommentierend, spricht die Schlange zu Eva:

Ihr werdet mitnichten des Todes sterben; sondern Gott weiß, dass, welchen Tages ihr davon esset, so werden eure Augen aufgetan, und ihr werdet sein wie Götter und wissen, was gut und böse ist.
(1Mo 3,4f)

Die gleiche Aussage – einmal im Munde der Schlange im Mythos vom Sündenfall und dann im Munde des als Mensch inkarnierten Gottessohnes! (Es ist dies ein gutes Beispiel dafür, dass ein Gutes zum Bösen werden kann, wenn es zum unrichtigen Zeitpunkt auftritt.)

Wie sehr man sich in der Geistesgeschichte der Menschheit vor vorschnellen Urteilen hüten muss – z.B. der sogenannte Sündenfall sei nur etwas Negatives, Böses –, zeigt das begeisterte Wort Friedrich Schillers zu diesem Ereignis, der es retrospektiv ganz positiv würdigt:

»Dieser Abfall des Menschen ... ist ohne Widerspruch die glücklichste und größte Begebenheit in der Menschengeschichte, von diesem Augenblick her schreibt sich seine Freiheit, hier wurde zu seiner Moralität der erste entfernte Grundstein gelegt.«[10]

Nach dem Sündenfall wird im ersten Buch der Bibel aus dem Munde Gottes ausdrücklich bestätigend festgestellt:

Und Gott der Herr sprach: Siehe, Adam ist geworden wie unsereiner und weiß, was gut und böse ist.
(1Mo 3,22)

Seitdem – so können wir zusammenfassen – lebt der Mensch in dieser Spannung: Er ist aus Gott geboren, von göttlichen Wesen als schöpferisches Wesen konzipiert, mit Schaffenskräften ausgerüstet. Unter dem Einfluss der Widersacher aber hat er zu früh diese Kräfte an sich gerissen, sie mit sich selbst identifiziert und missbraucht sie zu seinem Eigeninteresse.

Das Licht der Erkenntnis und der Bewusstwerdung seiner Göttlichkeit war dem Menschen von der Gottheit auch zugedacht. Dies spiegelt sich in den »Ihr seid-Sätzen«, die Christus zu den Menschen spricht:

Ihr seid Götter.
(Joh 10,34)
Ihr seid das Salz der Erde.
(Mt 5,13)
Ihr seid das Licht der Welt.
(Mt 5,14)

Während die erste und dritte Aussage in gewisser Weise auch für die Engelreiche gelten könnte, scheint das Wort vom Salz etwas ganz spezifisch Menschliches in Verbindung mit dem Leben auf der Erde wiederzugeben. Wir können uns dabei zunächst erinnern, dass das Salz immer in Form eines Würfels kristallisiert. Irdische Festigkeit, Ruhen in sich selbst ist an dieser Form erlebbar. Das Eigene, nicht verfließend, nicht wegstrebend, sich selbst geltend machend, begegnet uns in dieser Gestalt, vergleicht man sie etwa mit einer Kugel, einer Pyramide oder einem Tropfen. Friedrich Doldinger (1897–1973) beschreibt die innere Gestalt des Würfels, die uns im Salz begegnet, so, dass sie für das Menschensein transparent wird:

Der Würfel

Höre des Menschen »Werde«!
Dem Himmel geöffnet! Und fest auf der Erde!
Still vor der Zukunft Verhangenheit!
Treu im Tragen der Vergangenheit!
Dankbar dem Weiheruf der Weiten!
Tätig im Dienst am Werdestrom der Zeiten!
Höret der Menschheit »Werde!«:
»Ihr seid das Salz der Erde!«[11]

Was das Salzkristall im Kleinen und Kleinsten – wie klein ist ein Salzkörnchen! – abbildet, erscheint in der großen Weltperspektive als das Bild des Neuen Jerusalem. Wie ein gewaltig-großer Würfel wird es beschrieben: an Höhe und Breite und Tiefe gleich, so als hätten sich alle Kräfte und Wirkungen vereinigt, die aus den einzelnen Menschen-Ichen hervorgegangen sind. »Ihr seid das Salz der Erde« könnte dann so empfunden werden: »In euch ist die Kraft des Eigen- und Abgeschlossenseins gelegt, die Grundlage eurer Individualität. Benutzt sie, um daraus zu schaffen eine neue Erde, das neue Jerusalem, das in hellem Glanze erstrahlt und aus euren göttlichen Taten, die ich in euch vollbringe, erbaut ist«, denn:

Ihr seid Götter. – Ihr seid das Salz der Erde. – Ihr seid das Licht der Welt.

Außer diesen »Ihr seid-Worten« des Christus selber finden wir bei Paulus weitere solche Worte. Man kann den Eindruck haben, dass Paulus hier zum bewussten Sprachrohr des Christus wird:

Ihr seid Gottes Acker, Gottes Bauwerk seid ihr.
(1Kor 3,9)

Wisst ihr nicht, dass ihr Gottes Tempel seid und der Geist Gottes in euch wohnt?
(1Kor 3,16)

Ihr seid Christi Leib.
(1Kor 12,27)

Ihr seid ein Brief des Christus.
   (2Kor 3,3)

Ihr alle seid einer in Christus Jesus.
   (Gal 3,28)

*Ihr seid Leuchten unter den Menschen wie die
lichten Sterne im Weltall.*
   (Phil 2,15)[12]

Ihr alle seid Söhne des Lichtes und Söhne des Tages.
   (1Thess 5,5)

Welcher Blick auf uns Menschen lebt in diesen Worten, und welche göttliche Entwicklungsperspektive
tut sich da auf! Wir wollen an einigen Beispielen versuchen, diesen ersten Eindruck zu vertiefen und uns
diese Worte zu verlebendigen. Abschließend soll
dann betrachtet werden, was es für die Welt – auch
für die Welt über uns, die Engel – bedeutet, wenn die
Menschen sich in diesem Sinne entwickeln werden.

»Ihr seid Gottes Acker«
(1Kor 3,9)

Bei allen »Ihr seid ...«-Worten begegnen wir der
Schwierigkeit, dass wir zunächst ganz von uns abse-
hen müssen, um uns in ein bildhaftes Äußeres (Acker,
Tempel usw.) hineinzuversetzen und es nach und nach
möglichst anschaulich zu verstehen. Dann fordern uns
diese Worte auf, in einem zweiten Schritt wieder auf
uns selber zu blicken. Das scheinbar längst Bekannte
wird neu angeschaut: wir selber! Eine vergleichbare Situation schildert Matthäus, als Christus in seiner Hei-
mat Nazareth lehrend auftritt und die Menschen sagen: »Ist er nicht der Sohn des Zimmermanns und
heißt nicht seine Mutter Maria? Sind nicht Jakobus
und Joses und Simon und Judas seine Brüder, und sind
uns nicht seine Schwestern alle gut bekannt?« (Mt
13,55f). In Jesus den Christus gewahr zu werden, be-
durfte eines neuen, anderen Blickes, eines Seelenbli-
ckes, der das Äußere als Physiognomie des Geistigen
sehen lernt.

Mit diesem physiognomischen Blick schaut Paulus
aus göttlicher Warte auf den Menschen. Das verborgene Wesen des Menschen enthüllt sich ihm in
Bildern. Der am Gesetz geschulte Pharisäer Paulus
verwandelt seine scharfe Denkkraft nach seiner
Christus-Erfahrung in die Kraft der Imagination. Der
Acker z.B., im Mittelmeergebiet mit Mühe bebaut,

von vielen Steinen befreit, vielleicht künstlich bewässert, wird ihm zum Bild des Menschen aus der Sicht Gottes. Vertiefen wir uns mit Paulus eine Weile in das Bild des Ackers.

Wie fern ist vielen von uns heute ein Acker! Nicht nur, dass wir fast alle in Städten leben, sondern auch innerlich ist uns der Acker ferngerückt. Noch vor wenigen Generationen bot sich vielerorts ein ganz anderes Bild: Fast jeder hatte – selbst wenn er tagsüber einen anderen Beruf ausübte – noch nebenbei eine kleine Landwirtschaft, vielleicht nur eine Kuh, ein Schwein, ein paar Hühner und etwas Land. So mag es über viele Jahrhunderte in vielen Gegenden auf der Erde gewesen sein: Seit der großen Revolution des Sesshaftwerdens der Menschen, dem Übergang vom Jagen und Sammeln zum Ackerbau gehört die Arbeit auf dem Acker zu den Urtätigkeiten des Menschen.

Als Nomaden haben wir Menschen genommen, was die schenkende Natur uns gab. Die Gegenwart brauchte nicht transzendiert zu werden. Sie selber befriedigte unmittelbar die Bedürfnisse der Ernährung.

Ackerbau bedeutet demgegenüber Verzicht in der Gegenwart um eines Hervorbringens in der Zukunft willen. Man musste »Konsumverzicht« in der Gegenwart leisten, darauf verzichten, das Gegebene im Augenblick zu verzehren. Nur so stand Saatgut zur Verfügung und konnte der Zukunft zugute kommen. Nur indem es – als Saat – dem Acker übergeben wurde, d.h. zunächst verschwand, konnte es in einer späteren Zeit mannigfaltig fruchtbar werden. Wenn alles gut ging, wog reiche Frucht den Verzicht auf. Aber immer war ein Risiko mit dem Ackerbau verbunden.

Wir erinnern uns an den Traum des ägyptischen Pharao im 17. Jahrhundert vor Christi Geburt: Er sieht auf einem einzigen Halm sieben volle, schöne Ähren wachsen, danach aber sieben taube, kümmerliche, vom Ostwind ausgedörrte Ähren. Und niemand kann ihm den Traum deuten außer Joseph, der ihn in der Zeit deutet: sieben Jahre mit großem Überfluss werden über Ägypten kommen und danach sieben Jahre der Dürre und des Hungers.

Es erscheint nicht zufällig, dass allein Joseph, der Israelit, in der Lage war, das Traumbild richtig zu deuten; war doch dem Volk Israel die Zeit als ein inneres Werdegesetz in ganz besonderer Weise eingeschrieben. Geschichte als »Heilsgeschichte«, als Werden zu einem Ziel hin, prägte sich im Volk Israel besonders aus als Erwartung des Messias, der kommen wird, wenn die Zeit erfüllt und dafür reif ist. Die Wurzel Jesse, der Stammbaum Israels, der als Höchstes den Messias hervorbringen wird – alle diese Bilder sind verbunden mit dem Ackerbau, der in der Zeit sich abspielt: Bereiten des Ackers, Säen, Wachsen und Reifen, Schneiden und Ernten.

Vielleicht kann aus den Tiefen unserer Seelen wieder ein Gefühl, eine Ahnung davon aufsteigen, dass Mensch und Acker zusammengehören. Diese Zusammengehörigkeit und Verbundenheit kommt in der Geschichte des Christentums an einer Stelle besonders zum Vorschein, und zwar bei dem Gotenbischof Wulfila (um 311 – ca. 381/83), dem Sohn eines gotischen Vaters und einer griechisch-christlichen Mutter.[13] Wulfila entfaltete eine umfassende Wirksamkeit: Er schuf eine gotische Liturgie, so dass die Messe in der Volkssprache gehalten werden konnte; für seine gotische Bibelübersetzung, die Vulgata der germanischen Welt, musste er ein neues Alphabet schaffen. Das griechische Wort »mysterion« z.B. übersetzt er mit »Rune« (Geheimnis des Glaubens ist gotisch: runa galaubinais).

In unserem Zusammenhang sind zwei Wortschöpfungen Wulfilas im Hinblick auf sein Menschenbild besonders zu erwähnen, die uns eine Bestätigung dafür sein können, dass Wulfila ein Eingeweihter war. Es ist überliefert, dass er die ganze Bibel übersetzte, mit Ausnahme der Königsbücher des Alten Testamentes, »um dem Volk, das den Krieg liebte, eher einen Zaun für seine Schlachtenlust zu ziehen, als es eigens dafür zu begeistern«.[14] So brachte er den Goten Christus nicht als einen göttlichen Heerkönig nahe, als Pantokrator oder kriegerischen Führer einer Gefolgschaft, sondern als inneren König, als höhere Oktave zu dem gewöhnlichen Menschen, aber gleichzeitig zutiefst verwandt mit ihm. Jedem Menschen wurde in Christus die Möglichkeit eines Geist-Königtums eröffnet als Zugang zu seinem wahren höheren Selbst. Wulfila formt so das urgermanische »eko« um zu dem Wort »ik« (»ich«). »Er verbarg in der Bezeichnung für das ureigene Selbst des Menschen bewusst die Initialen des Namens Jesus Krist.«[15] Damit ist auf den menschlich nahen Christus als den Gott des Ich gewiesen, der die Quelle der höheren, schöpferischen Möglichkeiten jedes Menschen-Ich in sich trägt.

In Polarität und Ergänzung zu dieser Neuschöpfung, ein Gegengewicht dazu bildend, geht auf der anderen Seite der Blick Wulfilas nach außen, auf die Menschheit im Ganzen. Wie erscheinen die Erdenwelt und die Menschheit vor seinem umfassenden Blick? Christi Selbstzeugnis »Ich bin das Licht der Welt« übersetzt Wulfila mit den Worten: »Ik im liuhath manasedais.« Ganz abgesehen von dem archaisch-kraftvollen Klang der Laute ist für uns wichtig, dass »Welt« (griech. kosmos; im NT im Sinne von abgefallener, erlösungsbedürftiger Welt) übersetzt wird mit »manasedais«.

Der erste Teil dieses Wortes geht vermutlich auf ein altes Wort »men« zurück, das »überlegen, denken« bedeutet und auch in unserem Wort »Mensch« enthalten ist. Der »Mensch« wird so als »Denkender« erlebt (altindisch: mánu-h = denkend, klug). Der zweite Teil des Wortes »mana-sedais« bedeutet »Saat«! Die Menschen, begabt mit der Fähigkeit zu denken, die »Geistbegabten«, die in ihrem Inneren das höhere, mit Christus verbundene Ich ergreifen können, sind die Saat der Welt, der Erde! Wulfila hatte offenbar als Bild vor sich, wie aus der göttlichen Welt Ichkeime wie goldene Samenkörner in den »Seelenacker« der Erdenmenschen gesät wurden: Die Menschheit als Saat Gottes, als Menschensaat, bei der die Gottheit darauf schaut, welche Frucht sie bringen wird aus dem Durchgang durch das Erdensein.

In der Epistel zur Johannizeit taucht in den Wort-

lauten des erneuerten Kultus der Christengemeinschaft dieses Motiv wieder auf. Es ist die Rede von
der Welt als dem großen »Erdenfeld«, in das die
»Menschensaat« gesät ist. In ihrem schuldbeladenen
und heilbedürftigen Zustand droht die Menschheit
aber vom Irdischen begraben, ans Irdische gefesselt
zu werden. In dieser Lage ist Christus unser Erretter.
So wie alle Pflanzenkeime von der äußeren Sonne,
kann unser ewiges Wesen, angezogen von der Chris-
tus-Sonne, sich wieder zum Geiste erheben und zugleich des Erdendaseins Geistesfrüchte bringen. Christus selber spricht davon, auf sein sonnenhaftes Aufer-
standensein vorausblickend: »Und ich, wenn ich über
die Erde erhöht bin, werde alle zu mir ziehen« (Joh
12,32). Die Erdenmenschen bilden für Wulfila den
Acker Gottes, die Menschen-Iche sind göttliche Sa-
men, und Christus ist das Sonnenwesen, das die
Menschen zu sich hinaufzieht.

Welche Frucht aber ist es, die Gott von uns erwartet? Wozu sind wir ausgesät und ausgesandt? Was ist
das Ziel des Menschen auf der Erde? Was soll er der
göttlichen Welt als Frucht seines Erdenseins bringen?

Christus weist einmal auf dieses Geheimnis mit
den Worten hin: »Nicht ihr habt mich erwählt, sondern ich habe euch erwählt, dass ihr des Erdendaseins
Geistesfrüchte bringt und eure Frucht erhalten bleibe« (Joh 15,16). Um aber Frucht zu bringen, muss das
Samenkorn erst ersterben. »Wenn das Weizenkorn
nicht in die Erde fällt und stirbt, bleibt es allein; wenn
es aber stirbt, bringt es reiche Frucht. Wer an seinem
Leben hängt, verliert es; wer aber sein Leben in dieser

Welt gering achtet, wird es bewahren bis ins ewige Leben« (Joh 12,24f.).

Noch einmal müssen wir uns fragen: welche Früchte erwartet die göttliche Welt aus unserem Erdenleben? Wozu hat sie uns »hineingesät« in das irdische Leben? Können wir auf der Erde etwas hervorbringen, was die Gottheit in sich aufnehmen und zum Weltenfortgang gebrauchen kann, ja vielleicht sogar braucht?

Dass die Erde uns die Möglichkeit gibt, Freiheit zu entwickeln, ist ein oftmals ausgesprochener Gedanke. Dabei dient der physische Körper dem Freiwerden des Menschen. Zunächst war der Mensch innerlich noch so dem Geiste verbunden, dass er den Leib als Gefängnis der Seele erlebte, erst nach und nach wurde der Mensch auf der Erde so heimisch, dass er den Leib als Instrument der Seele in seiner Freiheitsentwicklung erleben konnte. Weniger deutlich als diese Entwicklung ist uns gewöhnlich, dass die Freiheit des Menschen dem Christus selber ein höchstes Anliegen ist, dass er unsere Freiheit will. Für ihn aber ist wahre Freiheit geknüpft an die Erkenntnis der Wahrheit: »Wenn ihr in meinem Worte leben und Dauer finden könnt, so seid ihr wirklich meine Jünger, und ihr werdet die Wahrheit erkennen, und die Wahrheit wird euch zur Freiheit führen« (Joh 8,31f.). Ohne Erkenntnis der göttlichen Wahrheit ist die Freiheit nur vorläufig, bleibt sie Scheinfreiheit, verfehlt sie ihren göttlichen Sinn. Erst Christus, der uns wieder mit Gott in Freiheit verbindet, gibt unserer Freiheit ihre wirkliche Erfüllung: »Wenn euch der Sohn die Freiheit gibt, so werdet ihr wirklich frei sein« (Joh 8,36).

Wie aber lebt die Freiheit in Christus? Das Johannes-Evangelium gibt uns einmal einen Einblick in das innere Erleben Christi im Hinblick auf seine Mission. Nach dem Einzug in Jerusalem begegnet er den Griechen, und ihm steht vor Augen, dass nun alles sich vollenden soll. Da dürfen wir mitempfinden, wie Christus aus völliger Freiheit seinen weiteren Weg gegangen ist. Es heißt nämlich zunächst: »Jetzt ist meine Seele voll tiefer Erschütterung. Was soll ich sagen? Vater, rette mich aus dieser Stunde?« (Joh 12,26f) Erst dann, aus erneutem freien Entschluss zu seinem selbstgewählten Auftrag fährt er fort: »Aber um dieses Geschehens willen musste ich ja in diese Stunde kommen. Vater, offenbare deinen Namen!« (Joh 12,27) Und dann nehmen die Ereignisse der Karwoche ihren Lauf. Von außen gesehen wurde Christus von anderen getötet, von innen gesehen war es eine Tat höchster Freiheit: »Niemand kann mir mein Leben nehmen; ich selber gebe es frei dahin.« (Joh 10,18).

Die höchste Form der Freiheit ist für Christus seine Hingabe an die Menschheit und die Erde, denn »eine größere Liebe kann niemand haben als die, sein Leben hinzugeben für seine Freunde« (Joh 15,13). Immer wieder neu zu ahnen und dafür zu erwachen, dass Christus aus völliger Freiheit und aus Liebe zu Menschheit und Erde seine Tat vollbracht hat, kann auch in uns die Keime dieser höchsten Ideale unserer menschlichen Seele entwickeln. Christus will uns helfen, allmählich wirklich frei und liebevoll zu werden.

Die Früchte, die das Erdenleben des Menschen

erbringen kann und die nur auf der Erde erworben werden können, sind Freiheit und Liebe, die höchsten Ziele der Erdenentwicklung. Damit aber wird dem Werden der Welt etwas Neues eingefügt, etwas, das zum Weltenfortgang notwendig ist. In diesem Sinn schildert Rudolf Steiner schon 1904/05, wie für übersinnliche Erkenntnis das Leben in der Sinneswelt einen ganz neuen Sinn bekommt, denn die äußere sinnlich-materielle Welt, in der wir leben, lernen und arbeiten, ist der Keimesboden für eine höhere Welt. So paradox es zunächst erscheint, es braucht die »höhere« Welt die »niedere«, in der sich neue Entwicklungsimpulse bilden, die in der bisherigen »höheren« Welt noch nicht existierten! »... diese einstige übersinnliche Welt brauchte den Durchgang durch die sinnliche. Ihre Weiterentwicklung wäre ohne diesen Durchgang nicht möglich gewesen«.[15a] Die von den Menschen auf der Erde erworbenen Fähigkeiten impulsieren neu den geistigen Fortgang der übersinnlichen Welt, also auch den Bereich der über den Menschen stehenden hierarchischen Wesen.

Dass Freiheit und Liebe nur auf der Erkenntnis der Wahrheit gründen können, wurde oben schon kurz berührt in dem Christuswort, dass allein die Erkenntnis der Wahrheit zur Freiheit führen werde. Wir wollen diesen Aspekt noch vertiefen. Der gewöhnliche Begriff, den wir heute über das Erkennen haben, ist der, dass wir damit in uns ein Abbild der Welt schaffen. Darin sehen wir den Sinn des Erkennens, dass wir mit Hilfe von Wahrnehmungen, Vorstellungen, Begriffen und Urteilen uns ein Bild von der Welt verschaffen und so die äußere Welt erfassen. Dies erscheint uns so selbstverständlich, dass uns andere Gedanken zunächst gar nicht in den Sinn kommen!

Ganz anders aber haben offenbar die Menschen früherer Kulturepochen, beginnend bei den Indern, über die Bedeutung des Erkennens gedacht![16] Ihre Grundempfindung war, dass es Pflicht des Menschen sei, alle Wahrheit, die er sich erkennend erwirbt, den Göttern zu übergeben, und dass somit der Erwerb von Erkenntnissen ein heiliger Dienst, ein Götterdienst sein müsse. Das Wissen musste heilig gehalten werden. Nur wer diese Gesinnung gegenüber der Erkenntnis in sich trug, wurde zugelassen in die Mysterien. Die Aufzunehmenden mussten die Garantie dafür bieten, dass die das Wissen heilig halten, d.h. als einen Götterdienst auffassen konnten. Was war denn die menschliche Erkenntnis in Wahrheit, warum durfte sie nicht profaniert, d.h. zu nur menschlichen Zwecken erworben werden? In Wahrheit war und ist menschliches Erkennen, unser Wissen »Nahrung höherer geistiger Wesenheiten«.[17] Dieses Gefühl muss alles Erkennen begleiten, dass wir Erkenntnis suchen sollen in erster Linie, um sie den höheren Geistern zu übergeben, »die sich davon nähren«. Diese Gesinnung einer alten vorchristlichen Zeit ging verloren. Das äußere Wissen zu menschlichen Zwecken breitete sich mehr und mehr aus, schon in der griechisch-römischen Zeit. Auf eine neue Weise bringt Christus den Impuls mit sich, alles Erdenleben wieder mit dem Geiste zu verbinden, auch das Wissen, die Erkenntnis.

In dem Augenblick der Menschheitsentwickelung,
in dem das Wissen vorzugsweise Wissen von der
Außenwelt wird, in demselben Augenblick
erscheint der Christus als hervorgehend aus der
geistigen Welt, um die Möglichkeit herbeizuführen,
dass der Mensch in seiner Empfindung der gött-
lichen Führung des Christus, aus dem Wissen,
indem er es hinordnet zu dem Christus, einen
Götterdienst macht.[18]

Hier wird unmittelbar deutlich, welche Verantwortung wir haben gegenüber den höheren geistigen Wesenheiten, die Rudolf Steiner hier nicht näher bezeichnet. Und er betont am Ende des genannten Vortrages, wie viel für die weitere Entwicklung der Menschheit und des Kosmos davon abhängen wird, dass wir wieder empfinden lernen:

Ihr seid – als Erkennende – Nahrung für höhere
geistige Wesenheiten.[19]

Auch bei Paulus klingt die kosmische Bedeutung an, die auf diesem Hintergrund das Menschensein für die Hierarchien hat:

Die Urkräfte (archai) und Schöpfergeister (exusiai)
in den Himmelssphären sollen durch die
Menschen-Gemeinschaft (ekklesia) zur Erkenntnis
kommen, wie farbenreich und vielgestaltig die
Weisheit Gottes ist.

(Eph 3,10)

Während Rudolf Steiner in dem angeführten Vortrag auf die Bedeutung der Erkenntnis weist, die der Einzelmensch als einen heiligen Dienst für die Hierarchien auffassen soll, betont Paulus die Bedeutung der Gemeinschaft (ekklesia), in der der »unausschöpfliche Reichtum des Christuswesens« (Eph 3,8) lebendig ist.

Fassen wir noch einmal zusammen: Paulus' Wort »Ihr seid der Acker Gottes« enthüllte sich uns als tiefe geistige Wahrheit. Die Erdenwelt als Jammertal oder als Verbannungsort im Sinne einer Strafe zu betrachten, geht am Sinn des Erdenseins vorbei. In Wahrheit ist die Erde Acker- und Keimboden, wo durch die Menschheit neue Werdekräfte errungen werden sollen. So gesehen ist die Menschheit eine Aussaat Gottes, die durch das Gesetz von »Stirb und Werde« hindurch Freiheit und Liebe entwickelt im Licht und in der wärmenden Kraft dessen, der aus Freiheit Mensch geworden ist und in Liebe zu den Menschen aus dem Tod neues Leben geboren hat. Auch in seiner Erkenntnis soll der Mensch Nahrung sein für die Hierarchien. Wenden wir uns nun einem weiteren der »Ihr seid-Worte« zu.

»Ihr seid Gottes Bauwerk«
(1Kor 3,9)

Um diese Aufgabe in der Welt zu erfüllen, hat die göttliche Welt dem Menschen ein einzigartiges Instrument geschaffen: den menschlichen Leib. Novalis hat den göttlichen Ursprung des menschlichen Leibes gefühlt und erkannt:

> Es gibt nur einen Tempel in der Welt und das ist der menschliche Körper. Nichts ist heiliger als diese hohe Gestalt. (...) Man berührt den Himmel, wenn man einen Menschenleib betatstet.[19a]

Doch Novalis und einige Gleichgesinnte stehen mit einer solchen Auffassung ziemlich allein da. Zwar hatte schon Paulus davon gesprochen, dass auch die äußere Welt, wenn man sie richtig wahrnimmt und tief genug erkennt, von Gott zeugt, dass sie wie ein Spiegel ist, in dem man Gott schauen kann:

> Das Übersinnliche des göttlichen Wesens konnte von der Erschaffung der Welt her in den Reichen der Schöpfung wahrgenommen werden: seine Schöpfermacht und Größe.
>
> (Röm 1,20)

In der Entwicklung der christlichen Kirche trat dies jedoch in den Hintergrund. Entscheidend wurden die Seelenfragen: wie Gott zur Seele des Einzelnen stehe und ob der Mensch Gnade vor Gott finde. Dabei wurde die Leiblichkeit als den Menschen in seiner Seele gefährdend erlebt, als Quell von Trieben und Begierden. Es entstand mehr und mehr die Empfindung: mit der Leiblichkeit berühre der Mensch die Tierwelt, und nur mit seinem seelisch-geistigen Inneren berühre er die göttliche Welt.

Eine Ausnahme war in dieser Hinsicht in der neueren Zeit z.B. Friedrich Oetinger (1702–1782), der die Wirksamkeit Gottes gerade in allem Stofflich-Leiblichen suchte. Damit trat eine Geistesströmung an die Oberfläche, die bis dahin nur sehr verborgen gewirkt hatte. Oetinger selber hat seine Anschauung öfters in die Worte zusammengefasst:

Leiblichkeit ist das Ende der Wege Gottes.

Er meinte damit zum einen das Hervorgehen der ersten Schöpfungswelt aus Gott, aber auch das Hervorgehen einer neuen Leiblichkeit des Menschen und schließlich einer neuen Erde aus den leibbildenden Auferstehungskräften Christi. Oetingers tiefste Erlebnisse am Neuen Testament beziehen sich auf das Geheimnis der Leiblichkeit:

Ich wundere mich am meisten über die
Leiblichkeit, mit der die himmlischen Dinge
umgeben waren.[19b]

In unserem Zusammenhang ist nun besonders die menschliche Leiblichkeit ins Auge zu fassen als ein Bauwerk, dessen Architekt für Paulus Gott selber ist. Was sagt die menschliche Leiblichkeit aus über das

Wesen, dem sie gegeben ist? Dies zu erforschen – so schon der Philosoph Hegel – ist die Aufgabe wahrer Physiologie:

> *Der Physiologie käme es eigentlich zu, den*
> *menschlichen Organismus, die menschliche*
> *Gestalt als die für den Geist einzig wahrhaft*
> *angemessene zu erkennen; sie hat aber in dieser*
> *Hinsicht noch wenig getan.*[20]

Eine solche Physiologie und Anatomie hätte die Aufgabe, die menschliche Gestalt schlechthin als diejenige Form aufzuzeigen, in der das Sinnliche das Göttliche unmittelbar ausdrückt. Dies im Einzelnen zu betrachten und zu erforschen ist in diesem Jahrhundert zum Impuls einer neuen Menschenkunde auf der Grundlage der Anthroposophie geworden.[21] Dabei ist zutage getreten, dass der menschlichen Gestalt den spezialisierten einzelnen Tiergestalten gegenüber das Phänomen der Stauung zugrunde liegt. Flosse, Kralle, Huf z.B. sind gegenüber der Hand des Menschen Weiterentwicklungen, aber zugleich auch Vereinseitigungen. Die Gestalt der Hand ist Ausdruck davon, dass die leibliche Entwicklung der menschlichen Gliedmaßen in einem frühen Stadium zurückgehalten, gestaut worden ist. Die Tiere gehen darüber hinaus und bilden die Gliedmaßen zu speziellen, sehr funktionstüchtigen leiblichen Werkzeugen aus, demgegenüber die menschliche Hand in ihrer Bildung unvollkommen erscheint. Dafür hat aber die menschliche Hand viel größere Möglichkeiten zu »Hand-lungen« als die Spezialorgane der Tiere. Zusammenfassend sagt H. Poppelbaum über den Menschen hinsichtlich seines Leibes:

Was ihn leiblich ärmer macht, macht ihn als Menschen schöpferisch.

Schaut man aus solcher Perspektive auf die Gestalt des Menschen, entwickelt sich eine Biologie der Freiheit, d.h. es wird offenbar, dass die biologischen Gesetzmäßigkeiten im Menschen so angeordnet sind und wirken, dass sie Freiheit erst ermöglichen. Die Aussage des Paulus: »Ihr seid Gottes Bauwerk« heißt zugleich: Wer die Leiblichkeit des Menschen, das »Ende der Wege Gottes« richtig sehen lernt, dem wird ahnend offenbar, wie dem Menschen in seiner Leiblichkeit ein göttliches Bauwerk geschaffen wurde zum Instrument seiner schöpferischen Freiheit.

Der Mensch als »Tempel Gottes«

Schauen wir eine weitere Aussage über den Menschen an, auch aus dem ersten Brief des Paulus an die Korinther, wohl nicht zufällig ebenfalls an Griechen gerichtet:

> *Wisst ihr nicht, dass ihr Gottes Tempel seid und der Geist Gottes in euch wohnt?*
>
> *(1Kor 3,16)*

Hier geht Paulus nun einen großen Schritt weiter in seiner Aussage, die dem nahekommt, was Novalis ausgesprochen hat (vgl. voriges Kapitel). Der Bau des Menschenleibes wird ein Tempel genannt, in dem nicht (allein) der Mensch wohnt, sondern (zugleich) der Geist Gottes. Vom Leib als Tempel hatte schon Christus selber gesprochen. Als die Juden ihn im Anschluss an die dramatische Tempelreinigungsszene nach seiner Legitimation fragten, antwortete er:

> *»Brecht diesen Tempel ab, und in drei Tagen will ich ihn neu errichten.« Da sprachen die Juden: »Sechsundvierzig Jahre lang ist an diesem Tempel gebaut worden, und du willst ihn in drei Tagen bauen?« Er aber hatte von dem Tempel seines Leibes gesprochen. Später, als er vom Tode auferstanden war, erinnerten sich seine Jünger an dieses Wort ...*
>
> *(Joh 2,18–22)*

Kam es beim Leib als Bauwerk mehr auf die harmonische, die menschliche Freiheit ermöglichende Gestalt an, so liegt jetzt der Akzent auf dem heiligen Raum, der durch das Bauwerk gebildet wird. Das Spezifische des Tempels ist, dass er einer Gottheit geweiht ist. Umso überraschender ist, dass Christus den Menschenleib einen Tempel nennt. Man kann sich den Eindruck kaum gewaltig genug vorstellen, den dies auf die Juden gemacht haben muss, die den Tempel in Jerusalem als ihr großes einzigartiges Zentralheiligtum, d.h. als Tempel Gottes eingerichtet hatten. Der menschliche Leib – dem Tempel Gottes vergleichbar, ja sogar selber ein Tempel!?

Paulus steigert dies noch, indem er das Wort vom Leibestempel – wie der Christus selber es tut im Bezug auf die Rede vom »Licht der Welt« – auf alle Menschen erweitert. Denn bei ihm meint dieses Wort nicht nur den über Jahrtausende zubereiteten vollkommenen Leib des Jesus von Nazareth, sondern jeden menschlichen Leib. Christus sprach nur vom Tempel seines Leibes, Paulus spricht vom Tempel jedes menschlichen Leibes! So heißt es an einer anderen Stelle des ersten Briefes an die Korinther:

> *Wisst ihr denn nicht, dass euer Leib ein Tempel*
> *des euch innewohnenden heiligen Geistes ist?*
> *Ihr habt ihn von Gott empfangen; ihr gehört*
> *nicht euch selber an. Ihr seid für einen hohen*
> *Preis losgekauft. Lasset nun euren Leib zu einer*
> *Offenbarung Gottes werden.*
>
> *(1Kor 7,19f)*

Weiter kann uns auffallen, dass Paulus einerseits in der Mehrzahl (»Ihr seid«), andererseits im Singular (»ein Tempel Gottes«) spricht. Dies deutet darauf hin, dass die einzelnen Menschen in ihrem Zusammenwirken eine höhere Leiblichkeit bilden können, die Gott zur Verfügung gestellt wird, in die er einziehen kann. Hieran kann uns grundsätzlich bewusst werden, dass das Christentum von vornherein eine Gemeindeangelegenheit ist. Alle die Worte, die wir hier betrachten, sind in der Mehrzahl formuliert: »Ihr seid ...«! Dieses »Ihr« ist aber nicht nur eine Summe von Einzelnen, sondern eine höhere Gestalt von verbundenen Einzelnen. Die »Ihr seid-Worte« offenbaren auch die Gesetze der Gemeindebildung. Das Zusammenkommen der Menschen mit der sie einenden Absicht, den christlichen Gottesdienst zu vollbringen, schafft einen höheren Gemeinschaftsleib, einen unsichtbaren Tempel, in dem Gott Wohnung nehmen und durch den er wirken kann (vgl. unten das Kap. »Ihr seid Christi Leib«).

Aufschlussreich ist es in diesem Zusammenhang, sich an das Weihegebet zu erinnern, das Salomon zur Einweihung des ersten Tempels im 10. Jahrhundert vor Christi Geburt sprach:

> *Der Herr hat geredet, er wolle im Dunkeln*
> *wohnen. So habe ich nun ein Haus gebaut dir*
> *zur Wohnung, einen Sitz, dass du ewiglich da*
> *wohnest.*
>
> *(1Kön 8,12f)*

Dann schildert er, wie sein Vater David den Plan, einen Tempel zu bauen, nicht auszuführen vermochte. Erst Salomo konnte »dem Namen des Herrn« ein Haus bauen. Dann aber kommen ihm selber Zweifel und Fragen:

> ... sollte in Wahrheit Gott auf Erden wohnen?
> Siehe, der Himmel und aller Himmel Himmel
> können dich nicht fassen; wie sollte es denn dies
> Haus tun, das ich gebaut habe?
>
> *(1Kön 8,27)*

Salomo wendet sich bittend an Gott, »dass deine Augen offen stehen über dies Haus Nacht und Tag«, und wenn das Volk Israel zu ihm betet, dass »du es hörst in deiner Wohnung, im Himmel ...«.

Er macht dabei den feinen Unterschied zwischen Gott und dem Namen Gottes. Die Wohnung Gottes ist im Himmel, der Tempel auf Erden ist Wohnung für den Namen Gottes, es ist die Stätte, von der Gott selber gesagt hat:

> Mein Name soll da sein.
> *(1Kön 8,29)*

Der »Name Gottes« im Unterschied zu Gott im Allgemeinen deutet auf den Sohn Gottes, der in Christus auf Erden erscheint. In ihm wird der unfassbare Gott greifbar, namhaft. Jesajas hat dies geahnt, als er sagte:

> Der Name des Herrn kommt von ferne.
> *(Jes 30,27)*

Der Weg der Menschwerdung Gottes wird uns daran in großen Zügen sichtbar. Salomo baut einen Tempel für den Namen des Herrn, der im Dunkeln (!) Wohnung nehmen will. Der Bau des Tempels verwirklicht bildhaft voraus, was später leibhafte Wirklichkeit wird: Gott beginnt unter den Menschen auf der Erde Wohnung zu nehmen.

Im Bau des Tempels, den es zu heiligen galt, erschien dem Volk Israel sein göttlicher Auftrag, dem Messias, der von ferne naht, eine Bleibe auf Erden zu bereiten, einen Leib, in dem er Wohnung nehmen kann. Dann wird das Wort Fleisch, Christus wird Mensch. Der menschliche Leib wird so durch Christus geheiligt, zu seiner eigentlichen Bestimmung wieder emporgehoben und gerettet:

Der Tempel (des Leibes) wird gereinigt
(Joh 2)

Christus macht den Leib wieder zum Tempel. So kann sich die Auferstehungshoffnung des Menschen bis auf den Leib erstrecken. »Auch meine irdische Hülle kann auf neues Dasein hoffen« (Apg 2,26). Paulus nennt Christus auch den zweiten (1Kor 15,47) bzw. den letzten Adam (1Kor 15,45). So wie Adam in der Bibel als der Stammvater der Erdenmenschheit geschildert wird, so wird Christus für Paulus der Stammvater einer zukünftigen Menschheit, und zwar bis in die Rettung der Leiblichkeit hinein. Dabei unterscheidet er zwischen dem geistigen Gestaltbild (eikon; 1. Kor. 15,49) und dem Fleisch (sarx) und Blut der Leiblichkeit. Fleisch und Blut sind vergänglich.

Die geistige Leiblichkeit des zweiten, letzten Adam ist unvergänglich. Christus lässt uns teilhaben an den Kräften, die der äußeren Leiblichkeit das geistige Gestaltbild entreißen und es für die weitere Entwicklung retten. Denn ohne diese Grundlage müssten wir aufhören, individuelle Wesen zu sein. Eine weitere Gnadenwirkung zeigt sich uns in einem anderen der »Ihr seid-Worte«, das von den Menschen als einem »Brief des Christus« spricht.

»Ihr seid ein Brief des Christus«
(2Kor 3,3)

Mit diesem rätselhaften Wort knüpft Paulus selber an Moses an, indem er im Fortgang den Tafeln des Gesetzes die Tafeln des Herzens gegenüberstellt.[22] Erinnern wir uns an Moses: Sein Name bedeutet »der aus dem Wasser Gezogene«. Als die Pharaotochter mit ihren Dienerinnen das im Schilf schwimmende Kästchen aus dem Wasser zog, das darin liegende neugeborene Kind heraushob und es an Land brachte, vollzog sich im Äußeren etwas, was zugleich ein geistiges Wahrbild ist.

Mit Moses macht das Volk Israel einen großen Bewusstseinsschritt; man könnte ihn den Schritt vom Wasser aufs Land nennen. Moses führt das Volk aus Ägypten, wo die jährliche Nilüberschwemmung alles Leben bestimmte, und wo der Mensch noch weitgehend vorindividuell umströmt war vom gotterfüllten Kosmos. Er führt es einem neuen Bewusstsein entgegen, das uns in den Bildern der Wüste und des Berges entgegentritt. Auf dem Berg, den er allein ersteigt, empfängt er eine neue göttliche Botschaft. Auf steinerne Tafeln schreibt Gott selber seine Weisungen, die man gewöhnlich Gebote nennt: »Ich bin der Herr, dein Gott ... Du sollst keine anderen Götter neben mir haben« (2Mo 20,2f). Das an dieser Stelle verwendete hebräische Wort bedeutet aber nicht nur »du sollst«, sondern auch »du wirst«!

Dies wird auch dadurch belegt, dass im Neuen Testament an einigen Stellen aus den Geboten des Moses zitiert und dabei im Griechischen die Futurform verwendet wird. So heißt es z.B. in der Bergpredigt (wörtlich übersetzt): »Du wirst nicht töten« (Mt 5,21). »Du wirst die Ehe nicht brechen« (Mt 5,27). »Du wirst dich nicht überschwören« (Mt 5,33). Wie kann man das verstehen?

Die göttlichen Gebote formulieren offenbar nicht nur ein von außen kommendes Sollen, sondern zugleich innere Werdeziele, die dem Menschen nicht als etwas Fremdes aufoktroyiert werden, sondern die in ihm veranlagt, ihm eingeschrieben sind. Versteht der Mensch sich selbst in seinem tiefsten Wesen, so will er selber, was als Gottes Wille in den Geboten zum Ausdruck kommt. Indem die Gebote aber zunächst von außen an ihn herantreten – Moses empfängt sie auf dem Berge und überbringt sie als heilige Tafeln dem Volk –, wird individuelles Bewusstsein und damit die Grundlage zu Moralität und Innerlichkeit erweckt. In diesem erwachenden Selbstbewusstsein liegt die Grundlage für die als Schuldfähigkeit jeden Augenblick erlebbare Freiheit.

Das menschliche Bewusstsein »schwimmt« nun nicht mehr in den göttlichen Kräften der Umgebung, die ihn tragen und mit denen er sich in Einheit verbunden weiß, sondern es wird »aus dem Wasser gezogen«, erwacht allmählich immer mehr zu sich selbst und tritt der Welt bewusst gegenüber. In diesem Prozess kam dem israelitischen Volk eine führende Rolle und Aufgabe in der Entwicklung der Menschheit zu. Im äußeren Buchstaben der Gebote offenbarte sich Gottes Wille, um so dem Menschen Bewusstsein und Freiheit des Willens zu ermöglichen.

Gegenüber den östlichen Religionen, z.B. des Hinduismus, des Buddhismus und den universalen chinesischen Religionen, in denen das Weisheitselement überwiegt, steht im Judentum (und ebenso im Christentum) stärker das Willenselement im Vordergrund. Gott zeigt Moses in den Geboten, was er vom Menschen will. Christus gibt später als neues Gebot dem menschlichen Willen sein höchstes Ziel: »Liebet einander, so wie ich euch geliebt habe« (Joh 15,12). Gerade in der Hingabe des Willens an den Vater erfährt Christus selber seine tiefste Stärkung und berührt damit das tiefste Willensgeheimnis im Christentum. »Meine Speise ist es, aus dem Willen des Vaters zu wirken, der mich gesandt hat, und sein Werk zu vollenden« (Joh 4,34).

Fassen wir noch einmal zusammen:

Mit Moses beginnt eine Entwicklung der inneren Verselbstständigung, in der das Äußere als Gegenüber erlebt wird: der Mensch vor dem Gesetz, durch das das Auge Gottes selber auf ihn blickt. Dass die Zehn Gebote weit mehr sind als eine zeitgebundene Morallehre, hat Rudolf Steiner in Vorträgen zu diesem Thema dargestellt.[23] Er zeigt die eigentliche Intention des Dekalogs auf, der das tiefere Wollen des Menschen anspricht und anregt. Die Gebote werden teilweise von ihm neu formuliert und für den gegen-

wärtigen Menschen aktualisiert. Moses hat durch seine Verkündigung etwas veranlagt, was durch Christus erfüllt wurde, indem er es in das Innere jedes
Menschen eingeschrieben hat. Dass Christus auf verborgene Weise schon mitgewirkt hat, als Moses das
Volk aus Ägypten und durch die Wüste wieder nach
Israel zu führen hatte, enthüllt Paulus einmal, indem
er sagt: Unsere Väter

> *haben alle die gleiche Speise gegessen und den*
> *gleichen geistigen Trunk getrunken. Denn sie*
> *tranken aus dem geistigen Felsen, der ihren Weg*
> *begleitete, und dieser Fels war Christus.*
>
> *(1Kor 10,4)*

Aus all dem wird deutlich, wie die Zehn Gebote nicht
nur äußerliche Richtschnur für moralisches Verhalten
sind, sondern die innerste Anlage des menschlichen
Willens zum Ausdruck bringen, bewusst machen und
dadurch anregen.

Die Bundeslade
und die Tafeln des Herzens

Die Entwicklung zur Verinnerlichung vollendet sich
durch Christus. Was Moses vorbereitet hatte, wurde
durch Christus volle Wirklichkeit. Er hat in den Menschen die lebendige Kraft gebracht, den göttlichen
Willen tun zu können. Was Moses auf die steinernen
Tafeln geschrieben hat, wird von Christus auf die Tafeln des Herzens geschrieben:

> *Ein Brief des Christus seid ihr; wir waren es, die*
> *ihn zu überbringen hatten. Er ist nicht mit Tinte,*
> *sondern mit dem Geist des göttlichen Lebens*
> *geschrieben, nicht auf steinerne Tafeln, sondern*
> *auf die Tafeln des Herzens, aus Fleisch und Blut.*
>
> *(2Kor 3,3)*

Christus selber stellt die Verbindung seines Wirkens
zu dem Wirken des Moses her:

> *Würdet ihr wirklich auf Moses vertrauen, so*
> *würdet ihr auch mir vertrauen; denn von mir hat*
> *er geschrieben. Vertraut ihr seinen Schriften nicht,*
> *wie werdet ihr meinen Worten vertrauen?*
>
> *(Joh 5,46f)*

Damit sagt Christus doch: Wo Moses von der Zukunft gesprochen hat, hat er in Wahrheit von ihm,
von Christus gesprochen, und zwar dreifach: bei den

Geboten, wenn man sie nicht nur äußerlich-moralisch, sondern eschatologisch, d.h. als Ausdruck göttlich-menschlicher Weltenziele versteht; bei dem göttlichen Namen, der als »Ich bin« zugleich Name des Menschen ist; und bei dem Tempel, der dem göttlichen Namen Wohnung auf Erden gibt, dessen Herannahen im göttlich-geoffenbarten Kultus erfahren wurde.

Von hier aus wird auch verständlich, wie das Leben und Wirken des Moses viele tiefe Geheimnisse enthält. Wir hatten schon gesehen, wie sein Name (der aus dem Wasser Gezogene) uns neben dem äußeren Geschehen hinweisen kann auf einen neuen Schritt im Werden eines anderen Bewusstseins des israelitischen Volkes. Auch die Tafeln, auf die der Dekalog geschrieben wurde, verweisen auf ein noch tieferes Geheimnis. Sie gehörten zu den drei heiligen Inhalten der Bundeslade. In ihr wurde das Unterpfand des heiligen Bundes gehütet. Galten als Zeichen des Bundes für Noah der Regenbogen, der in immer neu staunenswerter Weise Himmel und Erde verbindet,[24] und für Abraham der Sternenhimmel,[25] so gelten seit Moses das Manna aus der Wüste,[27] der grünende Stab des Aaron[28] und die Gesetzestafeln mit den Zehn Geboten als Zeichen des göttlichen Bundes. Diese drei heiligen Gegenstände waren Inhalt der Bundeslade.[26] Von Moses an wurde an ihnen die Realität des Gottesbundes erlebt und erneuert. Was hat es mit diesen drei Gegenständen auf sich? Auch hier gibt Rudolf Steiner Hinweise, die uns tiefe Entwicklungshintergründe erleuchten. Er bringt das Manna, den Aaronstab und die Gesetzestafeln in Verbindung mit der weiteren Entwicklung des Menschen, mit künftigen Stufen seiner wahren Menschwerdung.

Das Manna, in der Wüste vom Himmel empfangen, weise auch als Wort auf die Kraft des »Manas«, auf die Vertrauenskraft im Menschen, in die sich die Wirklichkeit göttlichen Friedens hineinsenken kann. Wenn der Auferstandene in die Mitte des versammelten Jüngerkreises tritt, so vollendet er das heilige Mahl. Hatte er zunächst seinen Leib und sein Blut dem Brot und dem Wein mit-geteilt und den Jüngern dargereicht, so vollendet er dies am Ostersonntagabend durch das Spenden des Friedens. Das Empfangen des Manna in der Wüste erneuert sich: In der Verfolgungssituation der ersten Christen erscheint der Auferstandene und schenkt ihnen substanzielle Friedenskraft: »Friede euch!« (Joh 20,19.21).

Der zweite heilige Gegenstand in der Bundeslade ist der Stab Aarons. Als dieser seinen Stab in die Stiftshütte gibt, um ein Zeichen Gottes zu erbitten, vertraut er zutiefst darauf, dass in Gott die Kraft lebendig ist, Leben aus dem Tode zu schaffen.

An diesem Leben will Christus uns Anteil nehmen lassen, das tote Holz soll wieder grünen:

Ich lebe, und ihr sollt teilhaben an diesem Leben.
(Joh 14,19)

So schildert Paulus Christus als den neuen Menschen, der nicht Leben aus dem Kosmos empfängt und an sich zieht, sondern als geistiges Wesen ständig Leben schafft und hinschenkt (1Kor 15,45).

Der dritte heilige Gegenstand, die mosaischen Tafeln, weisen als Bild voraus auf eine fernste Menschenzukunft, in eine Zeit, wo der Geist alles Materielle völlig verwandelt, mit der eigenen Wärme und dem eigenen Feuer durchdrungen hat, das Göttliche die Materie wieder mit sich vereinigt und eine neue Geistleiblichkeit des Menschen schafft. Rudolf Steiner spricht so von dem Inhalt der Bundeslade als Vorausbildern des zukünftigen Menschen:[29]

das Manna — *für das Geistselbst (Manas)*
der Aaronstab — *für den Lebensgeist (Buddhi)*
die Gesetzestafeln — *für den Geistesmenschen (Atman)*

Auch in der Apokalypse des Johannes klingt dieses Geheimnis schon an:

Wer überwindet, dem will ich von dem verborgenen Manna geben und einen weißen Stein, in dem ein neuer Name eingeschrieben ist, den niemand kennt außer dem, der ihn empfängt.
(Offb 2,17)

Die Frieden schaffende Kraft des Manna, die todüberwindende Kraft geistigen Lebens und der weiße Stein werden so aus kultischen Zeichen zu individuellen Realitäten im Menschenwerden.

In diese Entwicklung stellt auch Paulus sein Wort hinein, dass der Christus selber nicht mehr auf steinerne Tafeln (wie zur Zeit des Moses) schreibt, sondern auf die Tafeln des Herzens. Allzusehr haben wir uns daran gewöhnt, das menschliche Herz nur als eine mechanische Pumpe anzusehen, die das Blut stoßweise in Umlauf bringt. Schon die Herzlehre des Thomas von Aquin weist darauf hin, dass die Bewegung des Herzens nicht von außen verursacht ist, sondern dass das Herz in erster Linie ein Wahrnehmungsorgan ist.[30]

Um die Aussage des Paulus zu verstehen, die Menschen seien ein Brief des Christus, der mit lebendigem Geiste auf die Tafeln der Herzen geschrieben ist, betrachten wir zunächst, wie das Herz an anderer Stelle der Bibel als ein Wahrnehmungsorgan geschildert wird. Schon bei David, also etwa 1000 Jahre vor Christi Geburt, tritt uns das Motiv des Herzens an zentraler Stelle entgegen. In der ersten persönlichen Freundschaft, die uns in der Weltliteratur geschildert wird, sind es ausgerechnet Jonathan, der Sohn des Königs Saul, des erbittertsten Feindes, und David selber, die sich zutiefst im Herzen verbunden fühlten. Sie setzten sich über die Feindschaft zwischen Saul und David hinweg. Und so »schloss Jonathan den David in sein Herz, und er gewann ihn lieb wie sein eigenes Leben ... Und Jonathan schloss einen Bund mit David, weil er ihn liebhatte wie sein eigenes Leben« (1Sam 18,1.3). Als David ihn um Beistand bittet gegen die Verfolgung durch Saul, stellt sich Jonathan gegen seinen Vater auf die Seite Davids: »Dann schwur Jonathan dem David noch einmal, weil er ihn liebte; denn er liebte ihn wie sein eigenes Leben« (1Sam 8,17). David, erschüttert über die Treue seines Freundes, »warf sich auf sein Angesicht zur Erde nieder und verneigte sich dreimal; und sie küssten einander und weinten umeinander über die Maßen. Und Jonathan sprach zu David: ›Zieh hin in Frieden! Was wir beide einander im Namen des Herrn geschworen haben, dafür wird der Herr zwischen mir und dir und zwischen meinen und deinen Nachkommen Zeuge in Ewigkeit sein‹« (1Sam 20,41f). Als David Jonathans Tod gemeldet wird, klagt er:

> *Wie ist mir so wehe um dich,*
> *mein Bruder Jonathan:*
> *wie warst du mir so lieb!*
> *Beseligend war mir deine Liebe,*
> *süßer als Frauenliebe.*
> *(2Sam 1,26)*

Das hohe Ideal einer aus dem Herzen geborenen Beziehung zweier Menschen, einer echten Freundschaft klingt hier an, die höher steht als die Sippe, weil sie auf die einzelne freie Persönlichkeit gegründet ist. Bevor wir auf eine andere Seite des Herzens, das Herz als Quelle von Schuld, im Leben Davids blicken, wollen wir kurz erinnern, wie das Freundschaftsideal seine höchste Erfüllung durch Christus findet. Allmählich hatten die Jünger Christus erkannt, als Sohn des lebendigen Gottes, als Messias, als ihren Herrn und Meister, dem gegenüber sie sich als unwürdige Knechte fühlten, ähnlich wie der Hauptmann von Kapernaum: »Herr, ich bin nicht wert, dass du eingehst unter mein Dach ...« (Mt 8,8). Am Gründonnerstagabend aber, als sie das Mahl miteinander gehalten hatten, das von göttlicher Liebe erfüllt war, erhebt Christus die Jünger zu Freunden:

Das ist der Auftrag, den ich euch gebe: Liebet ein-
ander so, wie ich euch geliebt habe. Eine größere
Liebe kann niemand haben als die, sein Leben
hinzugeben für seine Freunde. Ihr seid meine
Freunde, wenn ihr dem Auftrag folgt, den ich euch
gebe. Ich nenne euch nicht mehr Knechte, denn
der Knecht weiß nicht, was sein Herr tut. Ich
nenne euch Freunde, weil ich euch alles habe
erkennen lassen, was mir durch meinen Vater
kundgeworden ist.

(Joh 15,12-15)

Etwas von dieser Gottesfreundschaft klingt schon an
in dem Freundschaftsbund zwischen Jonathan und
David, der im Namen des Herrn geschlossen worden
war. Gerade bei David wird jedoch deutlich, wie das
menschliche Herz in seiner Offenheit und Freiheit
auch fähig zu Irrtum und Abirrung ist. Denn später,
als König, wird er zutiefst schuldig. Da auch hierin
etwas Urbildliches für das menschliche Herz liegt,
wollen wir dies näher betrachten.

Als David vom Dache seines Palastes aus eine ihm
unbekannte schöne Frau baden sieht, entbrennt in
seinem Herzen eine heftige Sehnsucht nach ihr. Auch
als er erfährt, dass diese Frau verheiratet ist, kann er
seiner Begierde nicht Einhalt gebieten und lässt sie zu
sich holen. Sie wird schwanger, und David sorgt dafür, dass ihr Mann in einer Schlacht an vorderster
Front aufgestellt wird und dadurch umkommt. Dann
nimmt er sie zur Frau.

Das Herz als solches ist also nicht einfach gut und

rein, sondern es kann verführt werden, ja aus sich heraus Böses im Sinne haben. Erschütternd wird dies später von Christus selber ausgesprochen, der dabei Worte aus dem Alten Testament aufgreift:

> *Das Herz der Menschen ist unlebendig und stumpf geworden, ihre Ohren hören schwer, und ihre Augen sind müde. Trotz ihrer Augen sehen sie nicht, trotz ihrer Ohren hören sie nicht, mit dem Herzen zu verstehen haben sie verlernt. Erst wenn sie die Richtung ihres inneren Lebens umkehren, kann ich sie heilen*
>
> *(Mt 13,15)*

Ähnlich heißt es etwas später:

> *Nur mit den Lippen ehren mich die Menschen, meinem Wesen ferne ist ihr Herz, mit leerem Kultus wollen sie mir dienen und lehren nur noch menschliche Lehren und Gebote*
>
> *(Mt 15,8f)*

In den Diskussionen um die Reinheitsgebote greift Christus die Pharisäer an, indem er diagnostiziert, dass das Herz des Menschen nicht nur von außen verdorben werden, sondern selber zur Quelle des Bösen werden kann. Solche Unreinheit, wie wir sie bei David gesehen haben, sei das eigentlich Schlimme, nicht aber entwürdige es den Menschen, wenn er ohne Waschung der Hände Speise zu sich nehme:

> *Was aus dem Munde hervorgeht, kommt aus dem Herzen, und das ist es, was den Menschen entwürdigen kann. Denn aus dem Herzen stammen die*

Gedanken der Bosheit: Feindschaft gegen fremdes
Leben, Unreinheit im gemeinschaftlichen Leben,
Unsauberkeit in der eigenen Seele. Gier nach
fremdem Gut, Missbrauch des Wortes gegen ande-
re Menschen, Missbrauch des Wortes gegen die
geistige Welt. Das ist es, was den Menschen ent-
würdigt.

(Mt 15,18f)

Tief erschüttern kann uns eine solche von Christus
vollzogene und ausgesprochene Diagnose der uns
zumeist nicht bewussten Untergründe des Bösen im
menschlichen Herzen. Wir empfinden die Notwen-
digkeit einer Reinigung des Herzens. Dies fühlte
auch David. Aus der Erkenntnis seiner Schuld
schrieb er den berühmten 51. Psalm, einen Buß-
psalm.[31] Dieser Psalm ist urbildlich für das Ringen
des Menschen mit seiner selbst erkannten Schuld,
die er vor Gott eingesteht. Wir beschränken uns
hier auf wenige Stellen. Das Herz, das verführt
worden war durch die Triebe des Geschlechtes, wird
jetzt zum Organ für die Erkenntnis der eigenen
Schuld, zum Ringen mit der eigenen Schicksalslast
vor dem Angesicht Gottes:

Sei mir gnädig, o Gott, nach deiner Güte!
Nach deinem großen Erbarmen tilge meine Sünden!
Wasche mir völlig ab meine Schuld
und mache mich rein von meiner Missetat!
Denn ich kenne meine Vergehen wohl,
und meine Sünde ist mir immerdar bewusst …

Du verlangst Aufrichtigkeit im innersten Herzen:
so lass mich deine Weisheit erkennen im tiefen
Seelengrund! …
Schaffe mir, Gott, ein reines Herz
und gib mir einen neuen, festen Geist in meinem
Innern …

(Ps 51, 3-5, 8, 12)

Indem das menschliche Herz in Leid und Selbsterkenntnis sich reinigt – Paulus spricht einmal von der
Beschneidung des Herzens im Geiste als der wahren
Beschneidung (Röm 2,29) !–, wird nicht nur seine
moralische Schuld vergeben, sondern auch seine
geistige Sehkraft wiederhergestellt. Nur ein reines
Herz kann wahr machen, was A. Saint-Exupéry in die
bekannten Worte geprägt hat: »Man sieht nur mit
dem Herzen gut.« Auch hierfür finden wir in den
Evangelien eine urbildliche Darstellung, und zwar im
Zusammenhang mit dem Ur-Ostern: Nur die gerei-
nigte Kraft des erkennenden Herzens ist fähig, die
Auferstehung Christi wahrzunehmen. Markus schildert deutlich in seinem Osterbericht, wie die Jünger
ihre Herzen dem Osterereignis zunächst nicht er-
schließen können. Als Maria Magdalena ihnen verkündet, er lebe und sei von ihr geschaut worden,
konnten diese – in Trauer und Wehklagen versunken
– ihr Herz diesen Worten nicht öffnen. Ebenso ergeht
es den Emmausjüngern. Diese hatten zuvor selber die
Umwandlung ihres Herzens durch den mit ihnen
wandelnden Auferstandenen erlebt. Christus hatte ihnen vorhalten müssen:

Wie unerleuchtet ist euer Denken
und wie unlebendig euer Herz ...
(Lk 24,25)

Erst über die Auslegung der Worte der Schrift, von
Moses an durch alle Bücher der Propheten gelingt es
dem Auferstandenen, die »Verstocktheit« der Herzen
(im Griechischen heißt es bei Lukas »sklerokardia«,
d.h. »Herzsklerose« (Lk 24,25)) zu überwinden, das
Herz der Jünger zu berühren und zu erweichen.

Brannte nicht unser Herz in uns bereits, als er auf
dem Wege zu uns sprach und uns den Sinn der
Schriften erschloss?

(Lk 24,32)[32]

Das Herz der Erde

Vom Herzen spricht Christus aber nicht nur im Bezug auf den Menschen. Es kann uns in der heutigen Situation unserer Zivilisation und unserer Erde tief berühren, wenn er einmal, auf Ostern vorausdeutend, auch vom Herzen der Erde spricht! Ist das bloß eine »Metapher«, nur ein Bild? Ist keine wirkliche Wahrheit mit einem solchen Christus-Wort verbunden?

Wie Jona drei Tage und drei Nächte im Innern des Fisches zubrachte, so wird der Menschensohn drei Tage und drei Nächte im Herzen der Erde verweilen.

(Mt 12,40)

Es findet in den letzten Jahrzehnten, von der breiten Öffentlichkeit noch viel zu wenig bemerkt, ein bemerkenswerter Bewusstseinswandel im Hinblick auf die Erde bei verschiedenen Menschen statt, der es nicht mehr ganz so unsinnig erscheinen lässt, auch von einem Herzen der Erde als einer Wahrheit zu sprechen (natürlich nicht im Sinne einer äußerlichen Vorstellung). So hat z.B. der Brasilianer José Lutzenberger, genannt das »grüne Gewissen Brasiliens«, in einer Reihe von Veröffentlichungen dargestellt, dass die Erde in Wahrheit nicht ein toter Gesteinsklumpen, sondern ein zutiefst lebendiges Wesen sei. Dieses Wesen nennt er im Anschluss an die griechische

Sprache »Gaia«. Zunächst selber viele Jahre als Agrar-
chemiker für einen großen Konzern tätig, hat er leid-
voll erfahren, wovon er spricht: dass wir Menschen
nicht nur auf die Erde als auf ein riesiges Gestein
wirken, auf dem einzelne Lebewesen sich befinden,
sondern dass die Erde als Ganzes ein Gesamtorganis-
mus ist. Wird es in Zukunft einmal möglich sein, darüber hinaus ein Organ dafür zu entwickeln, dass die
Erde auch eine Seele hat, die ihren Mittelpunkt in
einer Art »Herz« hat? Davon scheint Christus zu
sprechen, wenn er darauf hindeutet, dass der Menschensohn drei Tage und drei Nächte im Herzen der
Erde verweilen wird. Ist dies nur ein Bild für den
Durchgang durch den Tod, der Mysteriensprache
entlehnt? Oder hat der Menschensohn eine aktive
Mission im Inneren der Erde? In welcher Verfassung
war das »Herz der Erde«, als Christus diese Worte
sprach? War auch die Erde als lebendiges Wesen (wie
die Menschen) in ihrem Innersten verfestigt, skleroti-
siert durch die Wirkungen des »Fürsten dieser Welt«
(vgl. Joh 14,30), der alles verhärten und vom Geiste
abtrennen will?

Angeregt durch das Evangelium können wir uns
folgende Anschauung machen: Die Erde als solche ist
möglicherweise nicht nur eine an sich wertlose, für
die Menschen nützliche Grundlage unserer Existenz,
sondern selber ein lebendiges, ja beseeltes Wesen.[33]
(So wurden von den Griechen Uranos und Gaia als
ein Ganzes, eine Einheit erlebt, innerhalb dessen Gaia
– die Erde – mehr den Mittelpunkt, Uranos – der
Himmel – mehr den Umkreis bildete.[34] Erst die Neu-

zeit entkleidete beide zu bloßer Materie, so dass Kant im Glauben, bloßer Mechanismus beherrsche alles Sein, ausrufen konnte: »Gebt mir Materie und ich schaffe eine Welt daraus!«) Wir stehen heute vor der Aufgabe, unser Bewusstsein von der Erde zu erweitern, die Erde als ein lebendiges Wesen zu verstehen und dies vor dem modernen Bewusstsein zu begründen. Die Worte Christi vom Herzen der Erde können uns anregen, die Empfindung in uns zu erwecken: das, was ich draußen sehe in unendlicher Vielfalt, im Gang der Tages- und der Jahreszeiten, das ist Leben, darin wirkt eine atmende Seele, in dem allen lebt Empfindung, die zusammenströmt im Herzen der Erde.[35] So können wir uns die Vorstellung bilden: in diesen Bereich des Herzens der Erde, der von den Widersachern besetzt war, drang der Christus im Tode ein, schaute dem »Fürsten dieser Welt« ins Auge und er, das »Herz Gottes« (Jakob Boehme), belebte das Herz der ersterbenden Erde neu. Auf den Tafeln des Herzens der Erde ist seitdem die Osterbotschaft geschrieben: Die Liebe hat den Tod überwunden. Der Keim einer neuen Sonnenkraft ist dem Innersten der Erde eingeschrieben, so dass Nietzsche ahnend sagen konnte: »Das Herz der Erde ist von Gold.«

Das astronomische Zeichen für die Erde ist der Kreis, die Erdkugel repräsentierend, darüber aufgerichtet das Kreuz:

während das Zeichen für die Sonne ein Kreis mit einem Mittelpunkt ist:

Seit der Tat Christi müssten wir eigentlich das Sonnenelement auch dem Zeichen der Erde hinzufügen. Denn dem Herzen der Erde ist ein neuer Sonnenkeim eingeschrieben, ein lebendiger Zukunftskeim, der sich einmal zu einer neuen Erde (Offb 21,1) entwickeln wird:

Durch den Begriff »descensus ad inferos« (»Abstieg in die Hölle«) hat die traditionelle Theologie versucht, diesen Sachverhalt vorzustellen. Diesen »Abstieg« neu als eine kosmologische Tatsache zu begreifen, ist Aufgabe einer spirituellen Theologie. Der Grundgedanke kann dabei sein, dass es sich hierbei nicht nur um eine Erlösung der Seelen handelt, sondern um die Wiederbelebung des Erdenseins durch die Lebenskräfte Christi.[36] In Anlehnung an Paulus können wir dies so zusammenfassen: auch die Erde ist seit der Tat auf Golgatha ein »Brief des Christus«.

Denn wer die Erde geistig betrachten kann, für den ist sie durch Christi Wirken verändert, wie Gold leuchten die Spuren seines Wirkens auf, wenn die Erde geistig betrachtet wird.

»Das kalte Herz« –
zur Pathologie unserer Zeit

Was makrokosmisch mit der Erde im Ganzen geschehen, aber noch weitgehend unserer Erkenntnis verborgen ist, hat seine Parallele im einzelnen Menschen, im Inneren seiner Seele, in seinem Herzen. Zunächst ist unser Herz verhärtet, verfestigt und dadurch unempfänglich, wie es sogar das Herz der Jünger gegenüber der Osterbotschaft war.

Wilhelm Hauff (1802–1827), der schon mit 25 Jahren verstorbene Dichter, hat in der Erzählung »Das kalte Herz« diese innere Situation des modernen Menschen in bildhafter Form dargestellt und in manchem vorweggenommen, was erst nach seinem Tode seine volle Wirklichkeit entfaltet hat. Der Inhalt dieser Erzählung sei deshalb hier kurz geschildert.

Der arme Kohlenbrenner Peter Munk möchte reich und angesehen werden. Nach mancherlei Geschehnissen bittet er in Verzweiflung den »Holländer-Michel«, einen bösen, mächtigen Waldgeist, um Hilfe. Er bekommt sie, als er bereit ist, sein Herz dem »Holländer-Michel« zu überlassen, der es – zusammen mit vielen anderen – zu Haus verwahrt, wo es zuckend in einem Glase liegt. Stattdessen bekommt er ein steinernes Herz, das weder Angst noch Schrecken, weder Mitleid noch Unglück noch Dank mehr kennt. All diese Unruhe war ihm genommen; »aber es freute ihn nichts, kein Bild, kein Haus, keine Musik, kein Tanz, sein Herz von Stein nahm an nichts Anteil, und seine Augen, seine Ohren waren abgestumpft für alles Schöne. Nichts war ihm mehr geblieben als die Freude an Essen und Trinken und der Schlaf ...« Schon bald erlebt er Langeweile, Öde und Überdruss, und es war ihm, als ob er »nur halb lebte«. Der »Köhler-Michel« weiß ihm Rat: er soll sein Vermögen vermehren und arbeiten; so nahm Peter Munk sich vor, »reich und immer reicher zu werden«. Er verstößt seine alte Mutter und tötet seine junge Frau aus Zorn, weil sie einen armen alten Mann mit Essen versorgt hatte. Seine Frau, die ihm nachts erscheint, mahnt ihn: »Peter, schaff dir ein wärmeres Herz!« Nur durch die Hilfe eines guten Waldgeistes, des Glasmännleins, gelingt es Peter mit List, beim Holländer-Michel sein lebendiges Herz wiederzubekommen. Das Glasmännlein gibt dem Peter seine Mutter und seine Frau zurück. Und »sein Herz pochte freudig und nur darum, weil es pochte«.

Hauffs Erzählung endet mit Peters Einsicht: »Es ist doch besser zufrieden sein mit wenigem, als Gold und Güter haben und ein kaltes Herz.«

Fassen wir unsere Betrachtungen zum menschlichen Herzen noch einmal zusammen. Zunächst war uns das Herz in seiner Doppelnatur bei David begegnet: das reine Herz, das das Menschliche an Jonathan wahrnimmt und höher stellt als die Feindschaft von dessen Vater und Sippe; dann aber das von Begierde erfüllte Herz, dem er innerlich nicht Einhalt gebieten kann und unterliegt; schließlich das brennende Herz, das die eigene Schuld und Unreinheit wahrnimmt und Gott um ein neues reines Herz bittet. Eine Art »Herzkunde« fanden wir ausgesprochen in den Worten Christi: Das Herz, das Innerste des Menschen, kann auch zur Quelle des Bösen werden. Christus spricht von einer »Herzsklerose«. Von ihr sind sogar die Jünger betroffen, deren Herz die Osterbotschaft zunächst verschlossen ist. Ihr Herz muss erst von Christus berührt und geöffnet werden: Maria Magdalena wird sehend aus dem Weinen heraus, den Emmausjüngern brannte das Herz, als sie durch den Auferstandenen die heiligen Schriften neu verstehen und mit Christus in Verbindung zu bringen lernten. Anschließend an das Wort vom »Herzen der Erde« konnten wir uns die innere Anschauung bilden, dass Christus nicht nur das Herz der Menschen, sondern auch das Herz der Erde mit seiner Auferstehungskraft berührt und mit dem Keim neuen Lebens erfüllt hat. Im Hinblick auf unsere Gegenwart hat Wilhelm Hauffs Erzählung »Das kalte Herz« uns ermöglicht, die »Verstocktheit des Herzens« als Pathologie unserer modernen Zeit zu verstehen.

Durch dies alles ist deutlich geworden, dass wir uns mit der Frage nach dem Herzen als innerstem Wahrnehmungsorgan des Menschen mitten in unserer Gegenwart befinden. Wenn wir uns nun Paulus wieder zuwenden, so tun wir es nicht aus rückwärts gewandtem historischen Interesse, sondern um das Urbildliche zu entdecken, das auch uns betrifft und uns heute weiterhelfen kann im Aufnehmen des Christentums.

Die Gemeinde in Korinth wird gebildet von Menschen, die ihr »kaltes Herz« überwunden und sich der Christusbotschaft geöffnet haben. So konnten die Worte, mit denen die Apostel den lebendigen, gegenwärtigen Christus verkündigten, sich in ihre Herzen einschreiben:

> *Ihr selbst seid unser Brief. Er ist in eure*[37] *Herzen eingeschrieben und kann von allen Menschen als solcher erkannt und gelesen werden. Euer Wesen liegt vor aller Augen offen da: Ein Brief des Christus seid ihr.*
>
> *(2Kor 3,2f)*

Ein Brief ist eine persönliche Mitteilung an einen Einzelnen oder an eine Gruppe von Menschen. Um den Inhalt vor anderen zu schützen, wurden Briefe schon in der Zeit ihres ersten Auftretens (2. Jahrtausend vor Christi Geburt) verschlossen. Die Briefinhalte waren zunächst amtlicher, aber bald auch privater Natur. Man schrieb auf Tontafeln, wachsüberzogene Holztäfelchen, später auf Papyrus, seltener auf Pergament. Schon der relativ geringe Platz, der zur Verfügung stand, veranlasste den Schreiber eines Briefes, sich auf das Wesentliche zu konzentrieren. Zugleich wandte er sich dem Empfänger des Briefes zu – vielleicht sogar tiefer als im direkten Gespräch. Die (äußere) Distanz kann so unter Umständen Anlass für eine größere innere Öffnung und Begegnung werden, denn auf beiden Seiten ist Freiheit gegeben.[38]

Dass Christus nach vierzig Tagen unmittelbarer Nähe die Form seiner Existenz noch einmal änderte, indem er seine Gegenwart »globalisierte«, um sie allen Menschen und der Erde im Ganzen zukommen zu lassen, hat auch den Aspekt, den Menschen erneut in völlige Freiheit zu setzen:

> *Dazu war notwendig, dass der Christus als solcher vor der unmittelbaren Anschauung der Menschen verschwand, dass er zwar vereinigt blieb mit dem irdischen Dasein, aber vor dem unmittelbaren Anblick der Menschen verschwand ... So hat der Christus seine Himmelfahrt gehalten, so ist er unsichtbar geworden. Denn er hätte in einer gewissen Weise seine volle Sichtbarkeit behalten, wenn er den Menschen innegewohnt und das Ich ausgelöscht hätte ...*[39]

Christus räumt dem Menschen durch die Himmelfahrt innere Freiheit ein, ohne ihn jedoch zu verlassen. Es tritt ein freiheitsnotwendiger Abstand ein, obwohl er bei uns ist bis ans Ende der Erdenzeit.

So wird das, was die Apostel verkünden, wie zu einem Brief des Christus, der unter den Menschen anwesend, gegenwärtig ist, aber nicht mehr so direkt, so »handgreiflich« wie er es in den ersten vierzig Tagen nach Ostern war, z.B. für Thomas. In diesem Sinne schildert Lukas das Himmelfahrtsereignis als das Eintreten einer größeren Distanz (Lk 24,51) zwischen den Menschen und Christus, der ihnen aber gleichzeitig segnend zugewandt bleibt! Trotz dieser Distanz ist es nicht nur die Botschaft *über* den Sohn, die die Apostel verkünden, sondern die Botschaft kommt *von* dem Sohne. Sie ist ganz persönlich von

Christus zu den einzelnen Menschen gesprochen, vermittelt durch die Apostel. Sie besteht nicht nur aus Worten, sondern ist substanzielle, die Distanz überbrückende Mit-teilung, so wie ein Feuer ein anderes Feuer entzünden kann, ohne selber weniger zu werden. Von einer solchen Gabe Gottes in die Herzen der Menschen hatte Paulus schon im 1. Kapitel des gleichen Briefes gesprochen. Es ist die Beschreibung einer ganz tiefen Veranlagung des Menschen auf Christus hin, die Paulus uns dort in das Bewusstsein heraufheben will:

> *Er hat uns gesalbt und versiegelt und den Keim*
> *des Geistes in unsere Herzen gepflanzt.*
>
> *(1Kor 1,21f)*

Auf welches Geschehen will uns Paulus mit diesen Worten hinweisen? Was ist da im menschlichen Herzen auf ganz verborgene Weise geschehen? All die Hoffnungen, die von der göttlichen Welt aus offenbar auf uns Menschen gesetzt werden – wir haben versucht, sie uns anhand der »Ihr seid-Worte« deutlich und lebendig zu machen – stünden auf tönernen Füßen, hätten wir nicht zugleich göttliche Hilfe empfangen für unseren Menschheitsweg. Darauf scheint Paulus uns hier hinweisen zu wollen. Welcher Art ist diese Hilfe?

Der Hebräerbrief nennt Christus einmal unseren Hohenpriester (Hebr 4/5), eingesetzt für den Umgang des Menschen mit Gott. Darauf deutet auch das hebräische Wort für Priester »kohen«, das soviel bedeutet wie »dienend (opfernd) vor der Gottheit stehen«.

Sein Opfer, das Opfer seiner selbst, hat im Keim alles Erdensein verwandelt, insbesondere auch das Sterben selber. Christus hat nicht nur an seinem eigenen Leibe für sich den Tod überwunden, er hat das Sterben als solches für uns verwandelt. Er hat es uns nicht abgenommen, aber Sterben kann seither anders werden. In jedem Sterben ist Christus mit anwesend, wir können ihn bewusst hereinrufen in alle Sterbevorgänge, wir können lernen, in Christus zu sterben. Dies hat Paulus zutiefst empfunden, der einerseits sein Leben als ständiges Sterben-Müssen erlebte:

> *Ich sterbe täglich,*
> *(1Kor 15,31)*

andererseits aber auch ausrufen konnte:

> *Verschlungen ist durch den Sieg des Lebens der Tod.*
> *Tod, wo ist dein Sieg? Tod, wo ist dein Stachel?*
> *(1Kor 15,55)*

Vor seinem Tode hat Christus für uns Menschen gebetet. Zu Recht hat man dieses Gebet das hohepriesterliche Gebet genannt. Es will alle Menschen in Christus vereinen, es will sein Sterben Hilfe werden lassen für unser Sterben. In diesem Sinne hat er uns gesalbt, dem Tod den Stachel genommen:

> *Wer sich glaubend mit meiner Kraft erfüllt,*
> *wird leben, auch wenn er stirbt.*
> *(Joh 11,25)*

Das Gesetz von »Stirb und Werde« offenbart aber nicht nur die Verwandlung des Sterbens zu einem neuen Gebären, sondern es offenbart auch ein neues Königtum des Menschen. Die Salbung zum König, wie wir sie vielfach aus der Geschichte kennen, wird von Christus auf alle Menschen erweitert. An die Stelle des äußeren Königtums tritt die innere Königswürde. Christus wird nicht äußerer König der Juden – dies weist er bewusst zurück (vgl. Joh 6,15). Seine Krone ist die Dornenkrone. Diese Krone ist aber zugleich die Krone eines höheren, aus Leid und Tod herausgeborenen Lebens. Diesen Weg zu einem inneren Königtum weist Christus allen Menschen:

Sei stark bis in den Tod,
dann will ich dir die Krone des Lebens geben.
(Offb 2,10)

So können wir ahnen, was Paulus vor seiner inneren Anschauung hatte, als er der Gemeinde in Korinth schrieb, Christus habe uns Menschen gesalbt: Er hat für uns das Sterben von innen heraus verwandelt und uns dadurch den Weg zu einem neuen geistigen Königtum gebahnt. Hat Maria Magdalena dies schon damals in ihrer mitfühlenden Seele geahnt, als sie ihrerseits Christus salbte, der dies als eine »schöne Tat« (Mt 26,10) im Hinblick auf sein Sterben vor den Jüngern verteidigte?

Inwiefern aber sind wir als Menschen von Gott »versiegelt«? Was ist damit gemeint? Gehen wir zunächst von der gewöhnlichen Bedeutung des Wortes aus. Wir kennen es zunächst in der Bedeutung »schützen«, wie wir auch heute noch davon sprechen, dass man einen Fußboden »versiegeln« kann, um ihn vor Abnutzung zu schützen. In demselben Sinne hat man auch den Inhalt eines Briefes vor Unbefugten geschützt, indem man ein Siegel aufdrückte. (Ähnliches meinen wir, wenn etwas unter dem »Siegel der Verschwiegenheit« mitgeteilt wird.) So haben wir in der Apokalypse das Buch mit den sieben Siegeln (Offb 5), die nur das Lamm würdig ist zu öffnen. Und weiter empfangen die Hundertvierundvierzigtausend das »Siegel des lebendigen Gottes« (Offb 7,2), das ihnen auf die Stirne gedrückt wird, während andere den Namen oder die Zahl des Tieres als Prägezeichen auf ihrer rechten Hand oder an ihrer Stirn tragen (Offb 13,16ff; 19,20).

Damit ist nun aber der Vorgang des Siegelns selber verbunden. Einem weichen, empfänglichen Stoff (z.B. dem Siegellack) wird ein bestimmtes Zeichen aufgeprägt, ein Mal. Dieses Bild überträgt Paulus auf die Praxis der Religion. In der Hinwendung zum Göttlichen exponiert sich der Mensch den Kräften, die sich ihm allmählich ein- und aufprägen, ihn leise verändern. Das Bild, dass die Menschen durch ihren Glauben und durch ihr Bekenntnis zu Christus versiegelt wurden, gebraucht Paulus sonst nur noch im Epheserbrief. Andrew Welburn hat nun überzeugend dargestellt, dass dieser Brief als eine Art Unterweisung im Verlaufe einer christlichen Einweihung verstanden werden muss.[40] In diesem Zusammenhang versteht er die »Versiegelung« als Einprägung bestimmter Zeichen und Wortlaute, die dem Geweihten immer neu den Weihevorgang vergegenwärtigen sollten, der »besiegelt« wurde durch bestimmte Worte und Zeichen: Das Versiegeln war ein Vorgang in den Mysterien, der möglicherweise aus Handbewegungen und heiligen Zeichen bestand, vor allem aber dazu diente, die Teilnehmer an der Einweihung von gewöhnlichen Menschen zu unterscheiden.

So scheint bei diesen Einweihungszeremonien insbesondere die individuell erweckende Kraft des Heiligen Geistes vermittelt worden zu sein (vgl. Eph 1,13; 4,30), der die Geweihten durch ihre Lebensführung zu entsprechen hatten.

Man kann aber auch über die Mysterien hinaus allgemein an die Prägekraft des christlichen Bekenntnisses denken, das uns in seiner einfachsten keimhaften Form schon in den Paulusbriefen entgegentritt, z.B. im Philipperbrief in der Formel »Jesus Christus, der Herr« (Phil 2,11). Ein solches aus innerster Freiheit immer wieder erneuertes, gelebtes Bekenntnis hat Siegelkraft. In diesem Zusammenhang ist vielleicht auch an die Anfänge einer Bekreuzigung zu denken, die als ein prägendes Zeichen wohl schon von den ersten Zeiten des Christentums an geübt wurde. Durch all dies wird Christus, der neue Adam, der neue Mensch, dem alten Menschen eingeprägt als Archetypus des göttlich konzipierten Menschen.

Paulus spricht im 2. Brief an die Korinther davon, dass der »Keim des Geistes in unsere Herzen gepflanzt« (2Kor 1,22) sei. Dies kann uns an das Pfingstereignis erinnern. Die im Gebet vereinten Jünger erleben als Echo auf ihre Hinwendung zur göttlichen Welt das Erbrausen des Geistes und seine heiligen Flammen. Diese Flammen entzünden in ihnen ein neues Feuer, das von oben her, nicht aus den Leidenschaften des Blutes, entzündet wird. »Ich bin gekommen, ein Feuer auf die Erde zu werfen; ich habe keinen anderen Wunsch, als es entflammt zu sehen.« (Lk 12,49). Dieses Feuer, den Keim des Geistes im Herzen jedes Menschen, hat Paulus erlebt und trug es in sich, obwohl er bei dem Urpfingsten des Jahres 33 noch Feind der Christen war. Sein Pfingsten war das Erlebnis vor Damaskus, wo das Feuer vom Himmel seinen Geist umschmolz und ihn empfänglich machte für den lebendigen Christus, der den Geist in unsere Herzen sendet. Diese Geistkraft lebt seit dem Ur-Pfingsten verborgen in jedem Menschen. Sie immer neu zu entzünden in ihrer erweckenden, heilenden Kraft ist der Sinn jedes Pfingstfestes.

Seit Christus sein Wirken auf Erden begonnen hat, sind wir seiner Gnade teilhaftig: Durch ihn hat Gott uns gesalbt, d.h. die Kraft geschenkt, getrost und getragen alles Sterben bejahen zu können, er hat uns versiegelt, d.h. uns als Antwort auf Glaube und Bekenntnis das Siegel des Lammes aufgeprägt, und uns den Keim des Geistes in unsere Herzen gepflanzt, d.h. einen neuen Weltenkeim in uns Menschen versenkt. An dies alles können wir denken, wenn wir nun an unsere Ausgangsstelle zurückkehren. Dies alles ist einbeschlossen in die lapidaren Worte, die uns erwecken wollen für das Zukünftige, das wir durch Christus in unseren Herzen tragen:

Ein Brief des Christus seid ihr ...
Er ist ... mit dem Geist des göttlichen Lebens
geschrieben ...,
auf die Tafeln des Herzens, aus Fleisch und Blut.
(2Kor 3,3)

Dies alles verdanken wir der Gnade Christi.

Abschluss

Fassen wir unseren Gedankengang noch einmal zusammen: Den Satz des Paulus: »Wisst ihr nicht, dass sich an uns das Schicksal von Engeln entscheiden wird?« können wir als tief aufweckend und aufrüttelnd erleben. Ein neuer, ungewohnter Gedanke ist es, an eine Geschichte, ein Schicksal der Engel zu denken, bedingt einmal durch den Fall gewisser Engel, zum anderen dadurch, dass der Gottessohn die Sphären der Hierarchien auf seinem Weg zur Erde zwar durchschritten, aber schließlich doch hinter sich zurückgelassen hat. Christi Erscheinen auf Erden ist zugleich sein Weggang aus den Reichen der Himmel, der Hierarchien.

Eine neue Zeit hat begonnen – auch für die Wesen der Himmelreiche! Wir konnten uns das bildlich zur Anschauung bringen: die Erdensphäre ist nun wie ein Himmel für die Engelreiche, und innerhalb der Erdensphäre sollen die von Christus erfüllten Menschenherzen erglänzen wie leuchtende Sterne. »Ihr sollt leuchten wie die Sterne am Himmel.« Damit ist unser bisheriges Engelbild nicht hinfällig geworden, aber es modifiziert sich: Die Engel werden auch in Zukunft leitende, schützende Wesen für uns sein. Neu aber wird sein, dass Menschen und Engel allmählich gegenseitig Gebende und Empfangende werden sollen. Denn in Zukunft wird es mehr und mehr darauf ankommen, dass der Mensch die in ihm veranlagten neuen göttlichen Kräfte zur Entwicklung bringt, um auch seinerseits den Engeln zu dienen.[41] Dass der Mensch in diesem Sinn Helfer und Diener der Engel werden soll und kann, verdankt er nicht sich selbst, sondern den Christuskräften in ihm. Nur insoweit er den »Christus in uns« entdeckt und zur Wirksamkeit bringt, kann er Positives für die Engel bewirken, die durch uns Anteil nehmen wollen an dem Mysterium des Todes und der Todüberwindung durch Christi Erdentat.[42]

Die »Ihr seid-Worte«, die Paulus an die urchristlichen Gemeinden richtet, sind so Leitsterne künftiger menschlicher Entwicklung. Indem wir uns mit Christus verbinden und durchdringen, uns bis in unsere Leiblichkeit als gottgeschaffen erleben, in unserem Innern dem Christus wie in einem unsichtbaren Tempel Wohnung geben, helfen wir ihm, auf Erden wirken zu können. Seine todüberwindende Kraft ist unserem Herzen wie die frohe Botschaft eines Briefes eingeschrieben, ja nicht nur uns, sondern dem Herzen der Erde selber. Durch die Seelenstimmung staunender Ehrfurcht vor allem Dasein, durch Taten der Liebe und des Mitleids und durch das Streben, unser Leben in Verantwortung vor der göttlichen Stimme des Gewissens zu führen, bilden wir mit an Seinem übersinnlichen Leib, bilden wir Gemeinde.

Es ist an der Zeit, dass wir solche Gedanken, die innerlich an Paulus anschließen, bewusst ergreifen und ernst nehmen. Die Worte des Paulus sind in eine weite Zukunft gesprochen. Sie weisen uns konkret den Weg der Christwerdung. Sie machen uns zugleich Mut, denn sie sprechen eine – wenn auch anfängliche – Wirklichkeit aus, die uns aus Gnade geschenkt wurde, um sie weiter zu entwickeln.

Ihr seid Gottes Acker!
Ihr seid Gottes Bauwerk!
Wisst ihr nicht, dass ihr ein Tempel seid,
in dem der Geist Gottes wohnt?
Ihr seid ein Brief des Christus.
Ihr seid Christi Leib!

In diesen Worten drückt sich der Hoffnungsblick der Götter auf uns Menschen aus. Fühlen wir unsere Verantwortung vor diesem Blick!

Nicht nur das Schicksal der Erde und der Menschheit, sondern auch das Schicksal der Engel ist der Verantwortung der Menschen und ihrer Christusbeziehung übergeben:

Wisst ihr nicht, dass sich an uns
das Schicksal von Engeln entscheiden wird?

Anmerkungen

Die Beiträge dieses Buches gehen auf Vorträge zurück, die die Verfasser im Rahmen einer öffentlichen Tagung über »Das Wirken der Engel« im Oktober 1996 in Stuttgart gehalten haben. Der Text von Günther Dellbrügger wurde vom Verfasser für den Druck erweitert und überarbeitet.
Die Bearbeitung des Vortrags von Michael Debus war dem Verfasser aus zeitlichen Gründen leider nicht selbst möglich. Dies wurde von Doris Hecht besorgt, für deren hervorragende Leistung der Verfasser dankt.

Michael Debus: Die Welt der Wesen über uns

1 Moolenburgh, H. C.: Engel als Beschützer und Helfer des Menschen. Ins Deutsche übertragen von Felicitas Schätzl. Freiburg i. Br., [2]1986.

2 Schroeder, Hans-Werner: Mensch und Engel. Die Wirklichkeit der Hierarchien. Stuttgart, [5]1998.

3 Steiner, Rudolf: Vortrag am 18. Juni 1921; in: Menschenerkenntnis und Unterrichtsgestaltung. Gesamtausgabe (= GA) Nr. 302, Dornach, [5]1986.

4 Steiner, Rudolf: Die geistige Führung des Menschen und der Menschheit. Geisteswissenschaftliche Ergebnisse über die Menschheits-Entwickelung. GA 15, Dornach, [10]1987.

5 Über diese Zusammenhänge spricht Rudolf Steiner beispielsweise im Vortrag am 18. Mai 1923; in: Men-

schenwesen, Menschenschicksal und Welt-Entwicke-
lung. GA 226, Dornach, ⁵1988.

6 Steiner, Rudolf: Vortrag am 20. Februar 1917; in: Bau-
steine zu einer Erkenntnis des Mysteriums von Golgatha. GA 175, Dornach, 31996.

Günther Dellbrügger:
Die Verantwortung des Menschen
gegenüber den Hierarchien

1 Bahnbrechend in der Engel-Literatur war das Buch von
Hans-Werner Schroeder, Mensch und Engel, 1979 in
erster Auflage erschienen (Verlag Urachhaus, Stuttgart). Inzwischen sind mehr als 1200 Bücher zum Thema Engel erschienen

2 In der Regel wird aus dem Neuen Testament nach der
Übersetzung von Emil Bock zitiert.

3 Erzählt von Dan Lindholm.

4 Vortrag vom 10.10.1916 in Zürich, in: Die Verbindung
zwischen Lebenden und Toten (GA 168), Dornach
⁴1995.

5 Vortrag vom 31.7.1916 in Dornach, Das Rätsel des
Menschen. Die geistigen Hintergründe der menschlichen Geschichte (GA 170), Dornach ³1992.

6 Vgl. z.B. die Studie von Albert Schmelzer, »Die
Menschheitskrise der Gegenwart: 666 – 1332 – 1998«,
Dornach 1998

7 siehe Anm. 4

8 Zit. nach Siegfried Gussmann, Seelenkräfte, Engel-
Hierarchien, S. 20 f.

8a Georg Wilhelm Friedrich Hegel, Vorlesungen über die
    Philosophie der Religion, Teil 1, Hamburg 1983, S. 121.
    Vgl. vom Verf.: Gemeinschaft Gottes mit den Men-
    schen. Hegels Theorie des Kultus. Würzburg 1998, S.
    321ff.

 9 Vgl. Rudolf Frieling, Werke, Bd. 1, (Stuttgart 1983), S.
    11-27: Die Schöpfung des Menschen im ersten Kapitel
    der Genesis.

10 Friedrich Schiller, Etwas über die erste Menschenge-
    sellschaft nach dem Leitfaden der Mosaischen Urkun-
    de, in: Kleinere historische Schriften.

11 Zit. nach Siegfried Gussmann, Die Apokalypse des Jo-
    hannes, Stuttgart 1995, S. 119 f.

12 Wörtlich: »... inmitten einer verkünstelten und ver-
    drehten Menschheit, unter denen ihr leuchtet wie die
    lichten Sterne im Weltall.«

13 Vgl. Karl Friedrich Althoff, Das Vater unser, Stuttgart
    1978, S. 155–157; ders. In: Die Christengemeinschaft 6-
    8/1971; Markus Osterrieder, Sonnenkreuz und Lebens-
    baum, Stuttgart 1995, bes. S. 88 ff.

14 Osterrieder, a.a.O., S. 92.

15 Osterrieder, a.a.O., S. 90.

15a Wie erlangt man Erkenntnisse der höheren Welten, GA
    10, Dornach 1993, Kap. »Leben und Tod. Der große
    Hüter der Schwelle«

16 Vgl. den Vortrag Rudolf Steiners vom 7.8.1916 in
    Dornach (s. Anm 5).

17 Ebda.

18 Ebda.

19 Ebda. Vgl. auch den Vortrag »Evolution, Involution
    und Schöpfung aus dem Nichts« vom 17. Juni 1909 in

Berlin, Geisteswissenschaftliche Menschenkunde (GA 107), Dornach ⁵1988. Dort stellt Rudolf Steiner es als die Aufgabe des Menschen dar, schöpferisch Wahrheit, Schönheit und Güte hervorzubringen, um auf diese Weise Nahrung zu schaffen für die Zeitgeister (Archai).

19a Novalis, Werke, Bd. III, 565f (75); vgl. Florian Roder, Novalis, Stuttgart 1992, S. 448 ff

19b Vgl. Emil Bock, Boten des Geistes, Stuttgart ⁴1987, Kap. Bengel und Oetinger.

20 Georg Wilhelm Friedrich Hegel, Philosophie der Religion, 1821, Hamburg 1974, 2. Bd., S. 121.

21 Hier wurden Ansätze goetheanistischer Forscher des 19. Jahrhunderts weitergeführt. Aus den umfangreichen Forschungen auf diesem Gebiet sei stellvertretend auf die Arbeiten von Hermann Poppelbaum, Wolfgang Schad, Armin Husemann und Thomas McKeen hingewiesen. Bei den genannten Autoren findet sich weitere Literatur zum Thema.

22 Vgl. Emil Bock, Beiträge zur Geistesgeschichte der Menschheit, besonders Band 2: Moses und sein Zeitalter, Stuttgart ⁸1996

23 Vorträge vom 16.11.1908 (GA 107), 14.12.1908 (GA 108) und 15.1.1912 (GA 143).

24 1 Mos 9,13

25 1 Mos 22,17

26 Vgl. Hebr 9,4.

27 2 Mos 16 u.a.

28 Vgl. 4 Mos 17.

29 Rudolf Steiner spricht von »Geistselbst, Lebensgeist und Geistesmensch« als weiteren Entwicklungsstufen des Menschen, z.B. im Vortrag vom 25. Mai 1908 in

Hamburg. Das Johannesevangelium (GA 103), Dornach [11]1995.

30 Vgl. Thomas von Aquin, Über die Bewegung des Herzens, in: Thomas von Aquin, Über die Einheit des Geistes, hrsg. von Wolf-Ulrich Klünker, Stuttgart 1987.

31 Vgl. die Interpretation dieses Psalmes durch Rudolf Frieling in: Werke, Bd. 2, (Stuttgart 1985) S. 177-190: Die große Beichte. Psalm 51.

32 Bei einer späteren Erscheinung des Auferstandenen werden auch ausdrücklich die Psalmen erwähnt (Lk 24,44).

33 Vgl. dazu schon das viel zu wenig beachtete Werk von Carl Gustav Carus, Zwölf Briefe über das Erdenleben, neu herausgegeben von Ekkehard Meffert, Stuttgart 1986

34 Vgl. den Vortrag Rudolf Steiners vom 31.7.1916 in Dornach (s. Anm. 5).

35 Christus spricht einmal vom *Wetter* als dem »Antlitz des Himmels in wechselnder Gestalt«: »Am Abend sagt ihr: Das Wetter ist schön, denn der Himmel rötet sich, und am Morgen: heute wird es stürmisch sein, denn der Himmel ist rot und bedeckt. Ihr versteht also, das Antlitz des Himmels in seiner wechselnden Gestalt zu beurteilen; die Zeichen der Zeit jedoch erkennt ihr nicht« (Mt 16,2 f.). Im Wetter, das sich trotz unendlich vieler Einzelinformationen nicht vollständig berechnen lässt, wird ein erstes Phänomen des *Seelischen der Erde* greifbar.

36 Im Epheserbrief deutet Paulus selber dieses Mysterium an. Er schreibt da, Christus sei hinabgestiegen in die »untersten Schichten der Erde« (Eph 4,9).

37 Andere Lesart: in *unsere* ...

38 So verhielten sich Goethe und Schiller bis zum Beginn ihrer Freundschaft im Jahre 1794 sehr distanziert, ja reserviert gegeneinander, in gewissen Meinungen übereinander befangen. Ihre tiefe Freundschaft realisierte sich dann insbesondere in der Form eines intensiven *Briefwechsels,* obwohl Weimar und Jena nur wenige Kilometer voneinander entfernt liegen! (Übrigens behielten sie auch ihr Leben lang als Anredeform das »Sie« bei!)

39 Rudolf Steiner, Vortrag vom 30.7.1922 (in GA 214).

40 Andrew Welburn, Am Ursprung des Christentums, Stuttgart 1992.

41 Die Frage, ob die Menschen auch dem *Christus* gegenüber eine helfende Aufgabe haben, geht über den Rahmen dieser Untersuchung hinaus; vgl. aber den Vortrag Rudolf Steiners vom 14.5.1912 in Berlin, Der irdische und der kosmische Mensch (GA 133), Dornach [4]1998, wo er darauf hinweist, dass die vom Menschen ausgehenden Kräfte des Staunens und der Verehrung, des Mitleids, der Liebe und des Gewissens dem Christus helfen, auf Erden wirken zu können.

42 Kurz vor Weihnachten, am 19.12.1914 in Dornach. In: Okkultes Lesen und okkultes Hören (GA 156), Dornach [2]1987, wies Rudolf Steiner einmal darauf hin, dass das verantwortliche Mitwirken des Menschen nicht nur die Engel (im engeren Sinne) betrifft, sondern hinaufreicht bis zu den *Cherubim* und *Seraphim*. Die Cherubim empfangen geistiges Licht aus dem Wahrnehmen, Vorstellen und Denken der Menschen, die Seraphim geistige Wärme, geistiges Feuer aus den moralischen Impulsen der Menschen.

Erschienen 1998 im Verlag Urachhaus

ISBN 3-8251-7162-0

© 1998 Verlag Freies Geistesleben &
Urachhaus GmbH, Stuttgart
Umschlag: Walter Schneider unter Verwendung eines Bildes
von Helmut Johann Wendelken
Druck: Offizin Chr.Scheufele, Stuttgart